OLE HALLESBY

Vom Gewissen

R. BROCKHAUS

R. Brockhaus Taschenbuch Bd. 714

Originaltitel: SAMVITTIGHETEN
im Lutherstiftelsen Forlag, Oslo
© O. Hallesby
Deutsch von Karl Branner

2. Taschenbuchauflage 1988
14.–30. Tausend

© 1977 R. Brockhaus Verlag Wuppertal
Umschlaggestaltung: Carsten Buschke, Solingen
Umschlagfoto: Photri-ZEFA
Gesamtherstellung: Elsnerdruck, Berlin

ISBN 3-417-20714-2

VORWORT

Vielen Christen fällt es schwer, Moral und Glauben in Übereinstimmung miteinander zu bringen. Dabei ist es aber nicht etwa so, daß wir das Geistliche in unserem Verhältnis zu Gott zu stark betonten. Das können wir gar nicht genug hervorheben. Der Fehler liegt mehr daran, daß wir die sittliche Seite nicht klar genug sehen. Das hat zur Folge, daß unser Glaubensleben entweder trocken intellektuell wird oder aber übertrieben gefühlig, erhitzt, gespannt. Beides kann weiter zur Folge haben, daß wir in unserem täglichen praktischen Christenleben versagen.

In diesem Buch geht es mir um die Ethik des Christenlebens. Darum ist sein Thema das Gewissen. Es gewährt Einblick in das sittliche Leben wie auch in die praktischen Christenpflichten des Alltags.

So ist es ein Beitrag zur Seelsorge. Wenn es auch nur ein wenig beisteuert zur Entwicklung eines widerstandsfähigeren und gewissenhafteren Christseins, sind mein Wunsch und Gebet erfüllt.

O. Hallesby

INHALTSVERZEICHNIS

Das Wesen des Gewissens

> *»Ich will mein Gesetz in ihr Herz geben und in ihren Sinn schreiben; und sie sollen mein Volk sein, so will ich ihr Gott sein.«* (Jer. 31, 33)

Das Gewissen ist das einfachste und eindeutigste Zeichen für die besondere Würde des Menschen. In ihm haben wir das zu sehen, was den Menschen eigentlich erst zum Menschen macht. Mit der Frage nach dem Gewissen rühren wir sozusagen an das Geheimnis des Menschseins überhaupt. Mit seiner Erforschung betreten wir ein ebenso geheimnisvolles wie heiliges Gebiet. Deshalb wollen wir besonnen vorgehen. Wir müssen darauf gefaßt sein, daß wir auf Geheimnisse stoßen, die unserem Denken und mehr noch unserem Reden Schwierigkeiten machen.

Aber zugleich dürfen wir hoffen, Einblick in eines der größten Schöpfungswunder Gottes zu gewinnen. In dem Schriftwort, das diesem Kapitel voransteht, verheißt Gott durch den Mund des alttestamentlichen Propheten, daß er selbst den Menschen das Gewissen ins Herz geben will.

Befragen wir nun die Heilige Schrift, so stellen wir fest, daß im Alten Testament das Wort »Gewissen« sehr selten vorkommt. In der Luther-Bibel finden wir es nur an zwei Stellen: Josua 14, 7 erinnert Kaleb daran, daß er nach der Erkundung des gelobten Landes »nach seinem Gewissen« Bericht erstattet habe. Hiob sagt (27, 6): »Mein Gewissen beißt mich nicht« und meint damit, daß er sich im Rückblick auf sein Leben keine Vorwürfe machen muß. Die als »Gewissen« bezeichnete *Sache* aber kommt auch im Alten Testament weit häufiger vor. Das entsprechende hebräische Wort wird nur meist mit »Herz« übersetzt. So lesen wir 1. Samuel 24, 6 von David, daß »sein Herz schlug«, weil er den Zipfel vom Gewand des Königs Saul abgeschnitten hatte. Neuere Übersetzer sprechen an dieser Stelle von Davids Gewissen. Erst in den sogenannten »Apokryphen« – den zwischen den beiden Testamenten stehenden Büchern, die (nach Luther) »der Heiligen Schrift nicht gleichgehalten und doch nützlich und gut zu lesen sind« – ist wiederholt ausdrücklich vom Gewissen die Rede, so z. B. Weish. 4, 20; 17, 11; Sir. 14, 1 f.; 19, 8; 20, 23.

Im Sprachgebrauch des Neuen Testaments bevorzugen Paulus und der Verfasser des Hebräerbriefs das Wort »Gewissen«, während Johannes dafür den alttestamentlichen Ausdruck »Herz« beibehält. Hierher gehört das bekannte Wort: »Daran erkennen wir, daß wir aus der Wahrheit sind, und können unser Herz vor ihm damit stillen, daß, wenn uns unser Herz verdammt, Gott größer ist als unser Herz und erkennt alle Dinge« (1. Joh. 3, 19 f.), und Markus 3, 5, wo zweifellos vom Gewissen die Rede ist.

Etymologisch ist das Wort Gewissen in den meisten lebenden Sprachen eine Übersetzung des griechischen Ausdrucks »syneidesis«, lateinisch »conscientia«, und bedeutet soviel wie »Mitwissen«. Darin deutet sich schon an, daß es sich nicht um das Wissen oder das Bewußtsein eines einzelnen handelt, sondern um ein Wissen, das man mit jemand anderm teilt.

Bei allen Völkern, selbst bei den unterentwickeltsten, finden wir die eigentümliche Erscheinung, daß sich der Mensch in seinem Gewissen »zusammen weiß« mit einem übernatürlichen, überirdischen, übermächtigen Willen, der Gehorsam fordert, und zwar rechtmäßig. Diesen Willen, der der Wille Gottes ist, bezeichnet man als das Gesetz; es ist das Sittengesetz, nach dem der Mensch leben soll.

Das Gewissen können wir demnach als das Bewußtsein bezeichnen, in dem der Mensch sich mit dem Sittengesetz (dem Willen Gottes) »zusammen weiß«. Nicht bloß in dem Sinne, daß er nebeneinander von seinem Eigenwillen und vom Willen Gottes Kenntnis hat, vielmehr wird ihm bewußt, wie er sich dem Willen Gottes gegenüber verhält, ob er ihn tut oder nicht. Im Gewissen erkennen wir nicht allein, wie wir sind, sondern auch wie wir sein sollten.

Ein Vergleich mit dem Instinkt des Tieres mag uns helfen, das Wesen des Gewissens noch genauer zu erfassen. Auch der Instinkt des Tieres ist für uns unerklärbar. Er leitet das Tier an, sich so zu verhalten, wie es am besten der Erhaltung der Art und des Lebens dient. Auch warnt er das Tier vor allem, was sein Dasein bedroht.

Unsere Haustiere haben ihre Instinktsicherheit weitgehend eingebüßt durch das Zusammenleben mit Menschen, die für sie sorgen und alle Gefahren von ihnen fernhalten. Aber bei den in Freiheit lebenden Tieren ist der Instinkt stark ausgeprägt. Ihre Fähigkeit, drohende Gefahren zu wittern, können wir nur bewundern. Ein Tier wird sich instinktiv hüten, in der Natur vorkommende Giftstoffe zu sich zu nehmen. Will man es vergiften, so muß man ihm schon auf irgendeine Weise künstliches Gift verabfolgen.

Aber der Instinkt, der sich als durchaus zuverlässig bewährt, ist dennoch nur ein Naturtrieb -- anerschaffen wie alles im Tierleben. Mit Naturnotwendigkeit zwingt er das Tier zu einem bestimmten Verhalten.

Das Gewissen hingegen wirkt nicht triebhaft. Es gibt unmittelbare Kenntnis von einem heiligen, übermenschlichen Gesetz, das sich an unseren bewußten Willen wendet, nicht um uns unter seine Gewalt zu zwingen, sondern damit wir uns frei dafür entscheiden und es zum Gesetz unseres Handelns machen.

Im Gewissen wird der Mensch sich seines Menschseins eigentlich erst bewußt. Gerade im Gewissen spürt er, daß er nicht wie das Tier dem Gesetz der Natur folgen muß, sondern daß es seine Bestimmung ist, nach dem Gesetz des Geistes zu leben.

Diese Fähigkeit des »Mitwissens« oder »Zusammenwissens«, die der Mensch besitzt, ist höchst eigenartig. Man ist versucht, von einem zweiten Ich zu sprechen, das sich dem eigenen Ich gleichsam gegenüberstellt und es beobachtet. Wichtig ist hier die Feststellung, daß dieses »zweite Ich« das eigene »Ich« im Lichte des göttlichen Willens sieht. Es sieht nach, wie wir zum Willen Gottes stehen, und dann verkündet es sein Urteil: das Ich fällt sein Urteil über sich selbst, über seine eigene Stellung zum Willen Gottes.

Und bei alledem ist das Merkwürdigste: Dieses Urteil, das mein besseres Ich über mich fällt, ist völlig objektiv und unparteiisch. Dies ist in der Tat ein merkwürdiger Gerichtshof! Sonst achten wir darauf, daß in einem Rechtsstreit der Richter unbeteiligt und unter keinen Umständen selber Partei ist, weil wir befürchten, daß er auch im Urteil Partei ergreift. Aber in dem Gericht, das man Gewissen nennt, spricht der Angeklagte sich selbst das Urteil!

Der Urteilsspruch unseres Gewissens ergeht in der Regel über eine einzelne Tat, die wir begingen oder noch vorhaben, über einen Gedanken, eine Gefühlsregung, ein Wort. Er kann aber auch über unser Gesamtverhalten gefällt werden. Immer wird er zum Ausdruck bringen, wie das, was wir tun, sagen, denken, empfinden oder sind, sich zu dem Willen Gottes verhält.

Das Gewissen meldet sich vor, während oder nach der Tat zum Wort. *Vorher* drängt es uns dazu, die Tat zu begehen, oder es sucht, uns davon abzuhalten. *Während* wir handeln, macht sich in der Regel die Stimme des Gewissens am schwächsten bemerkbar. Daher wird sie meist überhört. Wir sind so mit unserem Vorhaben beschäftigt und durch unsere Leidenschaften oft so benommen, daß wir sie kaum vernehmen. *Nach* vollbrachter Tat redet das Gewissen am lautesten. Entweder lobt es unser Verhalten und drückt seine Befriedigung darüber aus – oder es protestiert entschieden gegen das, was wir getan haben, und versetzt uns dadurch in innere Unruhe, ja Angst.

Darum sprechen wir von einem *guten* oder von einem

schlechten Gewissen. Beide Ausdrücke sind übrigens irreführend, da ja nicht das Gewissen gut oder schlecht ist, sondern das Urteil, das es fällt. Ja, wenn wir ganz genau sein wollen, kann auch dieses nicht eigentlich gemeint sein; denn das Urteil ist gleich gut, ob es eine Tat lobt oder tadelt. Von einem guten Barometer erwarten wir ja auch, daß es richtig Sturm oder Schönwetter anzeigt, während wir es als schlecht bezeichnen, wenn es immer auf Schönwetter stehen bleibt.

Wenn wir also vom guten oder schlechten Gewissen reden, denken wir nur daran, wie sein Urteil auf uns wirkt, erfreulich oder niederschmetternd.

Die Wirkungsweise des Gewissens

»Sie beweisen, des Gesetzes Werk sei geschrieben in ihrem Herzen, da ja ihr Gewissen es ihnen bezeugt, dazu auch die Gedanken, die sich untereinander verklagen oder auch entschuldigen.«　　　　(Röm. 2, 15)

Das Gewissen verursacht Freude oder Schmerz. Wer näher darauf achtet, wird zu interessanten Erkenntnissen geführt. Er wird auch das Wesen des Gewissens besser verstehen.

Wir Menschen erfahren Freude und Schmerz auf mannigfaltigste Weise und aus verschiedensten Gründen.

Da ist zunächst die Erfahrung des Guten und Schlechten in unserer leiblichen Existenz. Sind wir hungrig oder durstig, so bereitet uns das Unbehagen. Umgekehrt bedeutet es eine Befriedigung für uns, wenn wir als Hungernde Speise, als Durstige etwas zu trinken und als Müde Ruhe finden. Diese Werte ordnen wir gewöhnlich unter den Begriff des Angenehmen.

Einer etwas höheren Ordnung gehören die verschiedenen Gattungen des Guten und Schlechten an, die wir im Bereich des psychischen Lebens finden. Es handelt sich um seelische Bedürfnisse wie Ehre, Macht, Einfluß oder Wohlstand. Mancher junge Mensch ist besessen von einem Durst nach Wissen, der seinen Geist beständig quält. Glücklich ist er erst, wenn er seinen Bildungshunger stillen und seinen Geist schulen kann.

Daß »gut und schlecht« hier einer höheren Ordnung zugehören, erweist sich am deutlichsten daran, daß mancher bereit ist, auf die Befriedigung leiblicher Bedürfnisse zugunsten dieser seelischen Werte zu verzichten. Wir beobachten beispielsweise, daß ein junger Mensch nicht nur auf Vergnügungen, sondern sogar auf das tägliche Mittagsbrot verzichtet, um sich zu bilden. Und was muß ein Sportsmann während des Trainings an Verzichten und Anstrengungen auf sich nehmen, um das Ziel zu erreichen, das er sich gesteckt hat. Die Gruppe der psychischen Werte ordnen wir gewöhnlich unter den Begriff des Nützlichen. Beide, das Angenehme und das Nützliche, haben das eine gemeinsam, daß ihr Wert in ihnen selbst liegt und daß wir nach ihnen verlangen, weil sie Bedürfnisse befriedigen.

Die leiblichen Güter befriedigen ein Bedürfnis für den Augenblick. Danach erscheinen sie uns meistens nicht mehr erstrebenswert. Den kühlen Schatten empfinde ich nur so lange als angenehm, wie ich der glühenden Hitze ausgesetzt bin. Bin ich dauernd im Schatten, so wird er mir bald unangenehm. Die Werte des psychischen Lebens sind ihrem Wesen nach nicht so starken Schwankungen unterworfen. Die Befriedigung, die sie uns gewähren, hält länger an. Aber auch diese Werte sucht man, weil sie uns angenehm, nützlich oder vorteilhaft sind.

Schließlich finden wir auf einer völlig anderen Ebene die Werte des sittlichen Lebens. Auch sie befriedigen ein vorhandenes Bedürfnis. Das ist aber auch der einzige Berührungspunkt mit den vorgenannten Gütern. Im übrigen sind sie von ihnen grundverschieden. Hier geht es nicht mehr um die Frage, was mir gefällt oder nützt, sondern nur um die eine: Was ist recht? Wichtig ist nicht, was ich will, sondern was ich soll. Mit anderen Worten: es handelt sich hier um Werte, die Allgemeingültigkeit haben.

Das Rechttun ist nicht deshalb gut, weil es mir im Augenblick Lust bereitet oder weil es mir später Vorteile bringt. Nein, es ist an und für sich gut, nicht nur wegen seiner Auswirkungen auf mich selbst und meine wechselnden Bedürfnisse körperlicher oder seelischer Natur.

Dieser Wert ist allgemeingültig. Er behält seine Gültigkeit in allen Lebenslagen, ob einer jung ist oder alt, hungrig oder satt, müde oder ausgeruht. Und er gilt für alle Menschen zu allen Zeiten.

Das sittlich Gute ist seinem Wesen nach *absolut*. Mit den übrigen Werten läßt es sich nicht vergleichen. Es ist viel wichtiger, recht zu handeln, als seine leiblichen Bedürfnisse zu befriedigen. Auch vor den höchsten seelischen Bedürfnissen hat es den Vorrang. Ein gewissenhafter Mensch wird lieber hungern, frieren, sein Ansehen verlieren, ja, sein Leben dran geben, als unrecht handeln.

Das Gewissen läßt sich von nichts anderem her ableiten oder erklären. Mit andern Worten, es ist einfach da und macht den Menschen zum Menschen.

Nun gibt es eine moderne Entwicklungslehre, die das Gewissen und seine Entstehung aus ganz natürlichen Ursachen heraus erklären will: von dem Selbsterhaltungstrieb, der dem Menschen angeboren ist, genauer: vom »Kampf ums Dasein« her.

Dieser Kampf mußte, so sagt man, dazu führen, daß das Individuum sich mit andern seinesgleichen zusammenschloß. Und nun habe die »natürliche Zuchtwahl« dafür gesorgt, daß diejenigen Gemeinschaften siegten und überlebten, die die meisten Einzelmenschen mit der Fähigkeit aufwiesen, persönliche Vorteile zugunsten des Gemeinwohls zu opfern. So sei es der Selbsterhaltungstrieb des einzelnen wie der Gemeinschaft gewesen, der die Tugenden hervorgerufen habe, die jeweils am wichtigsten für die Erhaltung des Lebens waren. Anfangs seien dies im wesentlichen kriegerische Tugenden wie Tapferkeit und Tüchtigkeit auf der Jagd gewesen. Später jedoch hätten die Gemeinschaften die Erfahrung gemacht, daß auch die Sieger bei einem Krieg Schäden erlitten. Daher sei es zum friedlichen Zusammenleben zwischen den Völkern gekommen, und nun hätten sich friedliche Tugenden herausgebildet.

Auch diese verdankten also ihren Ursprung dem Selbsterhaltungstrieb. Die Gemeinschaft und jedes ihrer Glieder hätten erkannt, daß man dem Leben am besten und dauerhaftesten diene, wenn man alle Menschen als Freunde statt als Feinde betrachte. Eine Gemeinschaft, die nicht über genügend Individuen mit solcher Lebensklugheit verfüge, werde auf die Dauer im Kampf ums Dasein unterliegen; so wolle es das Gesetz der natürlichen Zuchtwahl.

So meint man, das Gewissen hinreichend erklären zu können, nicht nur hinsichtlich seines eigenartigen Inhalts, sondern auch im Blick auf seine Wirkungsweise. Die Lebenserfahrungen unserer Vorfahren hätten danach im Laufe von Jahrtausenden ihren Niederschlag in der Seele des Menschen gefunden. Sie wären gemäß den Gesetzen der Psychologie zu einem Bestandteil seines Unterbewußtseins geworden.

Die Art und Weise, wie das Gewissen sich bemerkbar macht, erklärt sich nach dieser Theorie aus seinem eben geschilderten Ursprung. Dabei denkt man an seine beachtliche Unabhängigkeit ebenso wie an seine instinktive Sicherheit.

Wie die Tiere durch ihren ererbten Instinkt vor dem Genuß schädlicher Nahrungsstoffe gewarnt werden, so werde der Mensch durch sein ererbtes Gewissen davor gewarnt, Handlungen zu begehen, die im Widerspruch zu seinen Lebensinteressen – vor allem zu seinem Selbsterhaltungstrieb – stehen. Jeder Einzelmensch trage als Glied in der Kette der Generationen mit dazu bei, das ererbte Kapital zu vermehren, indem er lerne, seine persönlichen Interessen hinter dem gemeinsamen Wohl zurücktreten zu lassen.

Gemessen an der Wirklichkeit des Lebens ist diese Theorie lebensfremd. Die Sittengeschichte der Menschheit zeigt, daß jede große Reform durch große Einzelne heraufgeführt worden ist, die gegen Zeitgeist und Tradition auftraten und für die von ihnen erkannte Wahrheit ihr Leben riskierten. Oft blieben sie unverstanden und einsam. Sie hatten nichts als ihre Überzeugung, recht zu tun. Sie handelten keineswegs aus Berechnung, um eigenen oder fremden Vorteils willen, sondern oft genug allen solchen klugen Erwägungen zum Trotz. Nicht von relativen menschlichen Rücksichten ließen sie sich leiten. Sie standen im Angesicht des Absoluten, Ewigen. Ihm fühlten sie sich verpflichtet, gegen das Milieu und gegen die von den Vätern überkommene Lebensart anzutreten. Aus ihm nahmen sie auch Kraft und Mut dazu.

Das Gewissen läßt sich durch nichts erklären und von nichts ableiten. Nur soviel läßt sich sagen, daß es vorhanden ist, und zwar als eine Äußerung unseres persönlichen Geisteslebens, ein einfacher, fundamentaler Zeuge vom ewigen Leben, für das der Mensch geschaffen ist.

Das heißt, daß das sittliche Bewußtsein genauso zum Wesen des Menschen gehört wie etwa das Denkvermögen und der Sinn für das Schöne. Auch Intellekt und Schönheitssinn sind unableitbar. Wir können ihr Vorhandensein nur feststellen.

Mitten in einer Welt, wo alles relativ, begrenzt und vergänglich ist, wo der Mensch auf Schritt und Tritt an seine eigenen Grenzen geführt und an seine Vergänglichkeit gemahnt wird, rührt er in seinem Gewissen an eine völlig andersgeartete Welt, an das Reich des Absoluten. Hier sieht sich der Mensch einem übermenschlichen, einem göttlichen Willen gegenübergestellt. Seine Erfahrungen mit diesem Willen überzeugen ihn: Diesem Willen muß ich mich fügen, unter allen Umständen muß ich danach handeln.

Wenn das Gewissen unableitbar ist, kann man – ähnlich wie beim Denkvermögen und dem Schönheitssinn – seine innere Berechtigung nicht beweisen. Einem, dem der Sinn für logisches Denken oder der Blick für das Schöne abgeht, kann man unmöglich beweisen, daß etwas logisch oder schön sei. Wer aber ein Empfinden dafür hat, für den bedarf es keines Beweises. Ihm muß das Schöne nur begegnen, und er hat Beweis genug.

Wir sprachen vom *guten* und vom *schlechten* Gewissen. Jetzt wollen wir die Sache etwas genauer untersuchen, indem wir zunächst fragen, welche Rolle das Gefühlsleben bei der Frage nach dem Gewissen spielt.

Gehen wir davon aus, daß die oben erwähnten Werte bei uns Menschen Empfindungen auslösen, positive und negative: Freude, wenn wir sie erlangen. Unbehagen, wenn wir sie nicht erlangen.

Gerade so verhält es sich mit dem sittlich Guten, und genau das meinen wir, wenn wir vom guten oder schlechten Gewissen reden. Gehorche ich der Stimme meines Gewissens und tue recht, so fühle ich mich wohl. Umgekehrt: Folge ich der Stimme des Gewissens nicht, so bereitet mir das Unbehagen, möglicherweise sogar Schmerz, und wir sprechen von »Gewissensbissen«.

Doch bleibt ein wichtiger Unterschied zwischen den Empfindungen, die das Gewissen hervorruft, und denen, die durch die übrigen Werte geweckt werden. Am klarsten tritt dieser Unterschied bei der negativen Seite, der Schmerzempfindung, zutage.

Verbrenne ich mich an der Hand, so fühle ich einen heftigen Schmerz. Wenn mir jemand durch üble Nachrede den guten Namen und meine Ehre raubt, so ist der Schmerz noch größer. Aber wenn ich mein sittliches Bewußtsein verletze, indem ich wissentlich und willentlich Unrecht tue, dann empfinde ich einen Schmerz von völlig anderer Art.

Es ist zweifellos nicht möglich, genau zu beschreiben, worin der Unterschied zwischen diesen beiden Arten von Schmerzempfindung besteht, weil der Schmerz, den ein verletztes Gewissen auslöst, einfach nicht auszudrücken ist. Das hängt damit zusammen, daß wir im Gewissen dem Absoluten gegenüberstehen, und darin liegt immer etwas Unsagbares.

Allgemein können wir feststellen, daß wir unsere Erlebnisse nur bis zum Gebiet des Seelischen in klare Gedanken und Worte fassen können. Was darüber hinausgeht, ist von solch erhabener Art, daß wir es gedanklich einfach nicht mehr klar erfassen und auf eine widerspruchslose Formel bringen können. Dieses Unvermögen hindert uns aber keineswegs daran, diese unaussprechlichen Seiten des Daseins zu erleben.

Dies trifft für das Gewissen zu. Der Schmerz, den das schlechte Gewissen uns bereitet, läßt sich nicht beschreiben. Und doch kennen wir ihn alle aus Erfahrung. Selbst ganz einfache Menschen, die niemals über so schwierige Ausdrücke wie absolut und relativ nachgedacht haben, können mit elementarer Gewalt den absoluten Schmerz eines schlechten Gewissens empfinden und feststellen, daß er von allen andern Schmerzen völlig verschieden ist. Einiges jedoch läßt sich natürlich auch über dies im Grunde Unaussprechliche sagen, nur nicht alles und vielleicht nicht einmal das Wesentliche.

Trotzdem wollen wir es versuchen. Verliere ich einen Finger, so ist dies zwar ein schmerzlicher Verlust, aber er ist relativ, begrenzt. Verliere ich Ehre und Ansehen, so ist das weit schmerzlicher. Der Verlust, den ich dabei erleide, ist jedoch auch nur relativ. Was tut es, wenn Menschen mir ihre Achtung versagen, solange ich mich nicht selber verachten muß?

Wenn ich aber bewußt und willentlich gegen mein Gewissen handle, so empfinde ich einen absoluten Schmerz und erleide einen absoluten Verlust. Nicht nur etwas Relatives habe ich verloren, sondern alles. Jesus hat das so formuliert: »Was hülfe es dem Menschen, wenn er die ganze Welt gewönne und nähme an seiner Seele Schaden?« (Mark. 8, 36).

Wir müssen ferner feststellen, daß uns der Schmerz, die tiefe Niedergeschlagenheit nicht darum überkommt, weil wir etwas Verkehrtes tun, sondern weil wir dies tun *wollen*. Im schlechten Gewissen ist immer etwas von Verachtung, ja

Abscheu vor sich selbst. Diese Selbstverachtung kann nicht durch die Achtung aufgewogen werden, die andere Menschen uns trotz unserer Erbärmlichkeit entgegenbringen. Sie wird dadurch eher noch gesteigert.

Wie wir später sehen werden, kann der Mensch sein Gewissen zum Schweigen bringen und sich so den Qualen entziehen, die ihm das schlechte Gewissen verursacht. Auf jeden Fall ist es möglich, die Stimme des Gewissens aus dem hellen Bewußtsein zu verdrängen. Vom Unterbewußtsein jedoch kann keiner sie fern halten. Die neuere Psychologie hat das erschreckend deutlich gemacht.

Dort aber, wo das Gewissen sich ungehindert äußern kann, muß der Mensch auch die Qualen des schlechten Gewissens in allen Schattierungen aushalten, von der kaum bemerkbaren Unruhe über Friedlosigkeit, Furcht, Angst, Schrecken bis hin zu Verzweiflung. Die große Zahl der Selbstmorde beweist, daß Gewissensnöte schlimmer werden können als das natürliche Grauen vor dem Tode. Gewissensqualen können einen solchen Grad erreichen, daß sich ein Verbrecher selbst der Polizei stellt, obwohl es den Staatsorganen nicht gelungen ist, die Straftat aufzuklären und den Täter zu ermitteln. Er nimmt jede Strafe auf sich, nur um die Ängste seines schlechten Gewissens nicht länger ertragen zu müssen. Durch das schlechte Gewissen erhält der Mensch einen Vorgeschmack der ewigen Höllenqualen.

Aber auch das *gute* Gewissen löst Empfindungen besonderer Art aus. Die Freude, die wir empfinden, wenn wir der Stimme des Gewissens folgten, übertrifft jede andere Freude, die wir kennen, wenn nicht in ihrer Intensität, so doch ihrem Charakter nach. Auch hier bleibt einiges, für das wir keinen angemessenen Ausdruck finden. Wie glücklich ein Mensch ist, der bei seinem Tun ein gutes Gewissen hat, das läßt sich auch nicht annähernd beschreiben. Das gute Gewissen verleiht dem ganzen Leben eines Menschen Sinn, Reichtum und Fülle, eine stille tiefe Freude, die alle anderen

Freuden weit hinter sich läßt. Es gibt selbst den kleinen Dingen unserer zeitlichen Existenz neuen Inhalt, indem es unserem Leben eine eigenartige Würze verleiht – »Beweis« genug für Wirklichkeit und Gültigkeit des sittlichen Lebens.

Wie das schlechte Gewissen den ganzen Menschen nach Leib und Seele bedrückt – unser Bewußtsein ebenso wie unser Unterbewußtsein –, so wirkt das gute Gewissen aufmunternd auf alle Lebensgeister. In vielen Fällen vollbringt es geradezu Heilungswunder nicht allein im seelischen, sondern auch im körperlichen Bereich.

Bemerkenswert ist, daß ein gutes Gewissen keineswegs das Vorrecht des wiedergeborenen Menschen ist. Auch der natürliche Mensch kann Glück und Segen eines guten Gewissens erfahren. Immer, wenn er in Übereinstimmung mit seinem Gewissen handelt, empfindet er darüber Frieden und Freude. So entspricht es der Ordnung des Gottes, der »seine Sonne aufgehen läßt über die Bösen und über die Guten, und der über Gerechte und Ungerechte regnen läßt« (Matth. 5, 45).

Weil Gott die Liebe ist, gibt er gern gute Gaben. Darum läßt er allen Sündern soviel Gutes widerfahren, wie sie nur annehmen wollen und wie sie vertragen können, ohne daß es sie davon abhält, das Heil ihrer Seele mit Ernst zu suchen.

Gott hat es daher so gewollt, daß die unerlösten Menschen sich nicht nur des Sonnenscheins und des Regens erfreuen sollen, sondern auch der Freude eines guten Gewissens. Daß sie daraus den falschen Schluß ziehen: wenn sie ein gutes Gewissen hätten, müßte auch Gott mit ihnen zufrieden sein und ihnen als Anerkennung die ewige Seligkeit verleihen, steht auf einem andern Blatt. Damit werden wir uns später zu beschäftigen haben.

Die Gewissensentscheidung

»Die Sünde erkannte ich nicht außer durch Gesetz. Denn ich wußte nichts von der Lust, hätte das Gesetz nicht gesagt: ›Laß dich nicht gelüsten!‹« (Röm. 7, 7)

Wir sprechen vom Urteil, von der Entscheidung des Gewissens. Das Wort trifft genau die Sache. Das Gewissen gleicht tatsächlich einem Gerichtshof. In einer rechtsstaatlichen Ordnung hat der Richter keine Befugnis, Gesetze zu erlassen. Er hat lediglich richterliche Gewalt, d. h. er soll nichts anderes tun als feststellen, ob die Tat des Angeklagten nach den geltenden Gesetzen des Landes strafbar ist oder nicht. Er soll also den Tatbestand mit den einschlägigen gesetzlichen Bestimmungen vergleichen und dann entscheiden, ob durch eine strafbare Handlung das Recht verletzt worden ist.

Genau das tut das Gewissen. Es stellt unsere Handlungen, unsere Worte und Gedanken, oft auch unser Gesamtverhalten dem Sittengesetz, dem Willen Gottes gegenüber. Dann fällt es seinen Richterspruch, d. h. es stellt fest, ob wir mit dem Willen Gottes übereinstimmen bzw. wo wir von ihm abgewichen sind.

Die Urteilsprechung durch das Gewissen ist so charakteristisch für das Gewissen selbst, daß wir sie uns etwas genauer ansehen wollen. Zunächst ist sie *kategorisch*, d. h. das Urteil wird nur verkündet, aber nicht begründet. Es bedarf auch keiner näheren Begründung, da es weder auf vorübergehenden Rücksichten noch auf klugen Berechnungen beruht, etwa solchen, die die möglichen Konsequenzen der Tat in Betracht ziehen. Alles, was das Gewissen tut, ist: einfach und klar feststellen, ob eine Tat gut oder böse ist.

Es gibt kein Feilschen und keine Kompromisse. Es kennt weder mildernde Umstände noch Rücksichten. Entweder heißt das Urteil meines Gewissens eine Tat gut, dann soll ich sie auf jeden Fall tun, oder es erklärt, sie sei nicht gut, dann soll ich sie lassen.

Das Urteil des Gewissens ist ferner *individuell*. Es funktioniert auf eine Weise, die allen Menschen gemeinsam ist. Seine Urteile jedoch sind individuell. Sie richten sich an den einzelnen und an keinen anderen. Darum kann ich meine persönliche Gewissensentscheidung nicht anderen aufnötigen.

Damit ist nicht gesagt, daß ich gar nicht versuchen soll, auf andere einzuwirken, die m. E. in ihrem Gewissen irren. Es soll dies aber nur so geschehen, daß ich mich an ihr Gewissen selbst richte mit dem Ziel, daß dieses frei und unabhängig die Führung wieder übernimmt. Das wird unten noch näher auszuführen sein.

Endlich ist an das Gewissen nicht zu appellieren. Es gibt keine Berufungsmöglichkeit. Hat die Stimme des Gewissens gesprochen, so ist das Urteil *unwiderruflich*. Das meint keineswegs, das Gewissen könne sich nicht entwickeln, so daß sein Urteil später anders ausfällt als anfangs.

Hier kommt es uns zunächst darauf an zu unterstreichen, daß das Urteil des Gewissens eine höchstrichterliche Entscheidung darstellt. Es gibt keine höhere Instanz, bei der ich appellieren und eine Revision oder die Aufhebung des Richterspruches beantragen könnte.

Natürlich kann ich versuchen, mich der unabänderlichen Entscheidung meines Gewissens zu entziehen, indem ich auf das Urteil anderer Menschen und auf die Entscheidung ihrer Gewissen, die mir angenehmer sind, höre. Aber damit stoße ich das kategorische und absolute Urteil meines eigenen Gewissens nicht um.

Das Gewissen kennt kein Ansehen der Person. Man kann es auch nicht dadurch beeinflussen, daß man sich auf irgendeine andere Autorität beruft. Niemand kann es hindern, sein unbestechliches und unwiderrufliches Urteil zu fällen. Ja, es stellt seinen Spruch dem der Obrigkeit und ihrer Gesetze entgegen. »Man muß Gott mehr gehorchen als den Menschen«, sagt Petrus seiner Obrigkeit ins Gesicht, als diese den Aposteln verbieten will, das Evangelium zu verkündigen, Apg. 5, 29; 4, 19.

Die katholische Kirche hat eine ganz andere Auffassung vom Gewissen. Das hängt mit dem katholischen Kirchenbegriff zusammen sowie mit der unterschiedlichen Auffassung vom Verhältnis des einzelnen Gemeindegliedes zur Kirche. Nach katholischer Auffassung steht die Kirche als maßgebende Instanz zwischen Gott und den Menschen, und zwar nicht nur in bezug auf die Gnadenmittel, sondern auch in bezug auf Fragen, die das Gesetz oder den Willen Gottes betreffen.

Auch an diesem Punkt erhob sich Luther gegen den unbiblischen Anspruch der Kirche. Er beseitigte die Bevormundung des Gläubigen durch die Kirche nicht nur auf religiösem, sondern auch auf sittlichem Gebiet.

Wie er die biblische Lehre vom Glauben wieder entdeckte, so brach er auch der biblischen Auffassung vom Gewissen aufs neue Bahn. Der Glaube ist nicht länger das Fürwahrhalten kirchlicher Dogmen, sondern das persönliche Zutrauen des einzelnen zu Gottes Offenbarung in Christus, vermittelt allein durch das Wort Gottes.

Luther hat sich die Freiheit, nach seinem in Gottes Wort gebundenen Gewissen zu leben, erst erringen müssen. Er mußte sich von der Vorherrschaft, die die Kirche über ihn wie über alle anderen, die zu ihr gehörten, auch auf sittlichem Gebiet ausgeübt hatte, gewaltsam losreißen. Wir Evangelischen, die dieser Bevormundung niemals so unterstanden, können uns nur schwer in die inneren Kämpfe des Reformators hineinversetzen.

Der Kritik Luthers an ihrer Grundauffassung begegnete die katholische Kirche mit dem ständig wiederholten Vorwurf: Deine eigentliche Sünde ist der Hochmut, mit dem du dich unterstehst, den Protest deines Gewissens gegen die ganze heilige allgemeine Kirche anzumelden. Die Kirche ist Gottes Stellvertreterin auf Erden. Sich gegen die Kirche stellen, heißt gegen Gott selbst Stellung nehmen, heißt sich anmaßen, über dem ewigen Gott und seinem irdischen Stellvertreter zu stehen.

Luther hat offen und ehrlich darüber gesprochen, wie schwer dieser Vorwurf ihn traf. Oft war er nahe daran, seinen Kritikern recht zu geben. War es nicht vermessen, daß er, der einzelne, unbekannte Mönch, die alte ehrwürdige Kirche mit all ihren berühmten Namen ins Unrecht setzen wollte?

Er gesteht auch, daß er öfter versucht war, nachzugeben und sich dem Anspruch der Kirche zu beugen, auch wenn es gegen seine Gewissensüberzeugung ging. Aber er fügt hinzu, daß Gottes wunderbare Führung und innere Wegweisung ihm stets aufs neue Mut und Kraft gaben, mit Gottes Hilfe, allein gestützt auf das Zeugnis seines Gewissens, der ganzen Kirche Trotz zu bieten.

Auf dem Reichstag zu Worms tat Luther den entscheidenden Schritt in dieser Richtung. Vor den zahlreich versammelten geistlichen und weltlichen Oberherren sprach er die bekannten Worte: »Mein Gewissen . . . ist gefangen in Gottes Wort. Widerrufen kann ich nicht und will ich nicht, weil wider das Gewissen zu handeln nicht sicher und nicht heilsam ist. Hier stehe ich, ich kann nicht anders. Gott helfe mir, Amen!«

Damit hat Luther das Gewissen wieder an die Stelle gesetzt, an die es nach biblischer Lehre gehört. Der einzelne Christenmensch soll mit seiner Gewissensüberzeugung stehen und fallen. Wohlverstanden: es handelt sich um das »an Gottes Wort gebundene« Gewissen. Luther hat auch das Wort Gottes wieder an die richtige Stelle gerückt. Wir sollen leben und lehren nach diesem Wort Gottes, von dessen Wahrheit wir durch unser eigenes Gewissen überzeugt

worden sind, das wiederum erleuchtet ist von diesem Wort,
so daß es uns nicht mehr erlaubt sein kann, unser Gewissen
an Meinungen oder Auslegungen anderer zu binden.

Das Gewissen des gefallenen Menschen

»Durch Offenbarung der Wahrheit weisen wir uns aus vor aller Menschen Gewissen.«   (2. Kor. 4, 2)

Aus diesem Schriftwort geht hervor, daß alle Menschen ein Gewissen haben. Auch durch den Sündenfall verlor der Mensch das Gewissen nicht. Das Gewissen gehört zu der Gottesebenbildlichkeit, die sich nach der Schrift auch bei den gefallenen Menschen noch findet. Vgl. 1. Kor. 11, 7; Jak. 3, 9.

In den Briefen des Apostels Paulus wird das Vorhandensein des Gewissens beim natürlichen Menschen ausdrücklich bezeugt: »Denn wenn die Heiden, die das Gesetz nicht haben, doch von Natur tun des Gesetzes Werk, so sind sie, obwohl sie das Gesetz nicht haben, sich selbst ein Gesetz; denn sie beweisen, des Gesetzes Werk sei geschrieben in ihrem Herzen, da ja ihr Gewissen es ihnen bezeugt, dazu auch die Gedanken, die sich untereinander verklagen oder auch entschuldigen«, Röm. 2, 14 f.

Das erste Kapitel des Römerbriefes handelt von der religiösen und sittlichen Versündigung der Heiden, die Gottes gerechten Zorn über sie bringt. Im zweiten Kapitel, wo Paulus sich an jüdische Leser wendet, macht er darauf aufmerksam, daß es gewissenhafte Heiden gibt, die nicht nur eine bestimmte Kenntnis des Gesetzes mitbringen, sondern sich durch ihr Gewissen dem Gesetz verpflichtet fühlen und seinen Bestimmungen nachkommen. Diese Aussage des Apostels wird durch die Erfahrung bestätigt. Unsere Missionare berichten, daß sie mitten in der Heidenwelt auf einzelne gestoßen seien, die ein sehr zartes Gewissen hatten und ein vorbildliches sittliches Leben führten.

Wir dürfen aber nicht übersehen, daß der Apostel in dem angeführten Schriftwort vom Gewissen der Heiden anders redet als von dem der Israeliten. Er betont, daß der Unterschied mit der besonderen Gottesoffenbarung zusammenhängt, die Israel im Gegensatz zu den Heiden empfangen hat.

Genauso spricht der Apostel über das Verhältnis des Gewissens zum Gesetz. Der Heide ist in seinem Gewissen allein an das Gesetz in der eigenen Brust gewiesen, man kann auch sagen an sein angeborenes sittliches Bewußtsein, das Gewissen des Israeliten dagegen an das offenbarte Gottesgesetz.

Darum besteht zwischen Juden und Heiden ein grundlegender Unterschied, wie Paulus Röm. 2, 12 ausführt, obwohl beide darin sich gleichen, daß sie »allzumal Sünder sind und des Ruhms mangeln, den sie bei Gott haben sollten«, Röm. 3, 22 f.

Das besagt, daß das Gewissen durch den Sündenfall doch Schaden gelitten hat.

Unsere Untersuchung hat aufzuzeigen, was vom Gewissen übrig geblieben ist und was etwa durch den Fall vernichtet wurde.

Aus dem Wort des Apostels kann man mit Sicherheit schließen, daß der Schaden, den das Gewissen durch den Sündenfall erlitt, das Verhältnis zum Gesetz betrifft. Wir haben oben dargelegt, daß das Gewissen einem Gerichtshof vergleichbar ist, der sein Urteil auf Grund bestimmter, bereits erlassener Gesetze fällt. Durch den Sündenfall ist diese Gesetzeskenntnis verdunkelt. Der Apostel zeigt Römer 1, 18–32, wie die Heiden die zuverlässige Kenntnis Gottes und seines Willens verloren haben.

Zwar haben sie ein Wissen um Gott und das sittlich Gute. Aber wie gering der Apostel dies einschätzt, zeigt unmißverständlich Eph. 2, 12, wo er sagt, daß der gefallene Mensch trotz seiner Religion und Moral »ohne Gott in der Welt« ist, und daß »der natürliche Mensch nichts vernimmt vom Geist Gottes; es ist ihm eine Torheit und er kann es

nicht erkennen; denn es muß geistlich verstanden sein«,
1. Kor. 2, 14.

Infolge unzulänglicher Kenntnis des Willens Gottes kann
das Gewissen beim natürlichen Menschen nur unzulänglich
wirken und wird manchem Irrtum erliegen. Im sittlichen
wie im religiösen Leben des Heidentums einst und jetzt gibt
es eine Fülle von Beispielen für diese Tatsache.

So sehen wir, wie das Gewissen den Heiden zur Vergöt-
zung des Geschaffenen treibt anstatt zur Anbetung des
Schöpfers, zu leeren und völlig sinnlosen Riten. Es billigt
Unmoral im Gottesdienst, beispielsweise Unzucht im Tem-
pel zu Ehren der Götter. Andererseits verbietet es Dinge,
die durchaus erlaubt sind, etwas das Essen von Pferdefleisch, oder gar sittlich Gutes wie die Hilfeleistung bei einem Kranken, von dem man annimmt, daß er unter dem
Fluch der Gottheit steht. Schließlich sehen wir, wie das Gewissen dem Heiden Unmoral gebieten kann, wie die Blutrache.

Die von einander abweichenden, oft geradezu entgegen-
gesetzten Entscheidungen des Gewissens sind eine Begleiterscheinung der Sünde, die das Gewissen des Menschen geschwächt und verdorben hat.

Solche einander widersprechenden Urteile des Gewissens
sind die Ursache vieler intellektueller Schwierigkeiten. Einige sehen darin einen Beweis dafür, daß das Gewissen eben
nicht so unbedingt zuverlässig arbeitet, und kommen zu
dem Schluß, daß das Gewissen nur eine Art vererbbarer Instinkt sei. Daß sich dieser Instinkt so verschieden, praktisch
gegensätzlich äußert, sei darauf zurückzuführen, daß die
Menschen unter verschiedenen äußeren und inneren Ver-
hältnissen im Laufe von Jahrtausenden ihren Instinkt verschieden geprägt hätten.

Im zweiten Kapitel haben wir gezeigt, daß diese Auffassung vom Gewissen als einem natürlichen Instinkt völlig

unvereinbar ist mit der psychologischen Natur und Entfaltung des Gewissens. Doch mit dieser Erkenntnis ist das Problem selbst so wenig gelöst wie vorher.

Da ist noch eine andere Beobachtung, die die Problematik noch vertieft: Wir stellen fest, wie das Gewissen formal immer auf die gleich präzise Weise in Funktion tritt und dabei doch zu völlig verschiedenen Urteilen kommt.

Das Gewissen fordert vom Heiden die Blutrache. Vom Christen fordert das Gewissen: »Liebe deine Feinde, vergib ihnen, tritt vor Gott für sie ein.« Dabei beobachten wir, daß das Gewissen zu Heiden wie zu Christen gleich *kategorisch*, gleich *absolut*, gleich *unerbittlich* spricht.

Im ersten Augenblick mag uns dieser Tatbestand verwirren. Aber das Problem ist gelöst, sobald wir die Tatsache voll berücksichtigen, daß das Gewissen ein Gerichtshof im Menschen ist. Wie ein Richter nicht Gesetze erläßt, sondern seinen Spruch fällt, so auch das Gewissen. Es spricht Recht nach dem Maße, wie es den Willen Gottes kennt, d. h. wie der betreffende Mensch zu der bestimmten Zeit ihn kennt. Und da der Heide nur eine unzureichende Kenntnis des Willens Gottes hat, wird sein Gewissen notgedrungen zu völlig anderen Urteilen kommen als das Gewissen des Christen, der durch die übernatürliche Offenbarung Gottes volle Kenntnis seines Willens erlangt hat.

Sobald uns dies klar geworden ist, sehen wir, wie der genannte, zunächst verwirrende Tatbestand uns eine wichtige Seite am Gewissen erhellt. Wir *dürfen* nicht nur, wir *müssen* zwischen der *Form* des Gewissens und seinem *Inhalt* unterscheiden, wobei wir als Inhalt das Urteil begreifen, welches das Gewissen im einzelnen Fall spricht, während wir als seine Form die eigenartige Seelenfunktion bezeichnen, die dem Menschen klar macht, daß er Gottes Willen tun soll.

Nun sehen wir die große Bedeutung der Tatsache erst richtig, daß im Blick auf seine Form das Gewissen absolut das gleiche ist bei allen Menschen, in allen Völkern, in jeder Altersstufe. Mit Recht kann man es deshalb in Hinblick auf seine Form als unfehlbar bezeichnen.

In allen Menschen spricht es mit unbestechlicher Autorität und fordert uns auf, uns ohne Wenn und Aber dem Willen Gottes zu beugen.

Nach seinem Inhalt ist das Gewissen dagegen keineswegs unfehlbar: denn der Inhalt des Urteils ist davon abhängig, wie weit der einzelne den Willen Gottes kennt.

Dies gibt uns eine größere Einsicht in die Folgen, die der Sündenfall auf das Gewissen hat. Wir sehen jetzt, daß Gott in seiner Barmherzigkeit es so ordnete, daß auch im gefallenen Menschen eine Stimme ist, die mit absoluter Autorität aus der unsichtbaren Welt des Ewigen spricht und ihm sagt, daß er den Willen Gottes tun soll.

Damit ist aber nicht gesagt, daß die Form des Gewissens durch den Sündenfall nicht beschädigt worden wäre. Wohl hat der Inhalt mehr gelitten als die Form. Aber die Stimme des Gewissens hat infolge der Sünde viel an Stärke und Klarheit eingebüßt.

Wenn das Gewissen sagt, daß wir den Willen Gottes tun sollten, ist dies richtig und unanfechtbar. Aber die Kraft, mit der es diesen Anspruch geltend macht, ist in der Regel nur gering. Darum kann das Gewissen sich im Menschenleben längst nicht so entschieden durchsetzen, wie es eigentlich sollte.

Wenn es als eine Stimme aus der Welt des Ewigen mitten in unser zeitliches Leben hineinspricht, sollte es natürlich das entscheidende Wort in unserem ganzen Leben haben. Bei jedem Schritt, den wir tun, sollten wir darauf horchen. In allen Lebenslagen sollte seine Stimme ausschlaggebend sein.

Man hat das Gewissen die »Stimme Gottes« genannt. Wir haben gesehen, daß dies ein unglücklicher Ausdruck ist, wenn wir an das Gewissen als Ganzes nach Form und

Inhalt denken, weil seine Urteile bei den verschiedenen Menschen nicht nur verschieden, sondern oft einander widersprechend ausfallen. Wenn das Gewissen die Stimme Gottes wäre, könnte es sich natürlich nicht widersprechen.

Doch wenn wir an die Form denken, diese Funktion der Seele, die uns allen unmißverständlich sagt, daß wir den Willen Gottes tun sollen, dann können wir es gut und gern als Stimme Gottes bezeichnen. Hat doch Gott selbst uns diesen beständigen Mahner aus dem Bereich des Ewigen und Absoluten verordnet, einen Mahner, der sich uns mitteilt, ohne daß wir auch nur das Geringste dazu tun. Im Gegenteil, in der Praxis bemühen sich die meisten Menschen, diese Stimme Gottes loszuwerden.

Wort Gottes und Gewissen

»Mit wahrhaftigem Herzen . . . los von dem bösen Ge-
wissen.«   (Hebr. 10, 22)

Wir haben gesehen, daß der offenbare Mangel im Gewissen des Heiden von seiner mangelhaften Kenntnis des Willens Gottes abzuleiten ist. Daher finden wir im Heidentum weite Lebensgebiete, in die das Gewissen überhaupt nicht hineinredet. Es nimmt zwar zu Einzelheiten Stellung, zu einzelnen Gedanken, Worten oder Werken, aber zu seinem Gesamtverhalten, zu der Gesinnung, der alle Gedanken, Worte und Werke entspringen, äußert es sich selten oder nie. So warnt es den Nichtchristen nicht vor der sittlichen, wohl aber vor der kultischen Unreinheit. »Unrein« in diesem Sinne wird man nicht durch ein sittlich verwerfliches Verhalten, sondern durch äußere Einwirkungen, auf Grund deren entsprechend den kultischen Vorschriften ein Mensch solange unfähig ist, einen Gottesdienst zu halten oder ihm beizuwohnen, als er sich nicht den vorgeschriebenen Reinigungsriten unterzogen hat.

Auch im Alten Testament finden wir Bestimmungen über kultische Unreinheit. So lesen wir etwa 3. Moses 12, daß eine Wöchnerin nach der Geburt eines Knaben für die Dauer von 33 Tagen, nach der Geburt eines Mädchens sogar für die Dauer von 66 Tagen als kultisch unrein gilt. »Sie darf nichts Heiliges berühren und nicht zum Heiligtum kommen, bis die Tage ihrer Reinigung abgelaufen sind . . . (danach) soll sie ein einjähriges Lamm zum Brandopfer und eine junge Taube oder eine Turteltaube zum Sündopfer an den Eingang des Offenbarungszeltes zu dem Priester bringen . . . Sollte ihr Vermögen aber zur Beschaffung eines Stücks Kleinvieh nicht ausreichen, so soll sie zwei Turteltauben oder zwei junge Tauben nehmen, die eine zum

Brandopfer, die andere zum Sühnopfer. Wenn der Priester ihr die Sühne erwirkt hat, wird sie rein sein.«

Der primäre und entscheidende Mangel im Gewissen des Nichtchristen bleibt, daß es den Willen Gottes nicht klar genug erkennt, um mit seinem Urteil bis auf den *Grund* des sittlichen Verhaltens zu stoßen: das Herz, das voller Sünde ist, und in dem alle Einzelsünden entstehen.

Ein weiterer Mangel im Gewissen des Nichtchristen ist, daß auch das Urteil über die einzelnen Worte und Taten sehr unvollkommen ist. Über sittliche Fehlentscheidungen wie Unzucht im Gottesdienst und die Pflicht zur Blutrache sprachen wir schon. Eine Unzahl sittlicher Verfehlungen könnte aufgeführt werden, bei denen der Nichtchrist keine Gewissensbedenken kennt.

Wollte Gott die in Sünde gefallene Menschheit retten, genügte das Gewissen allein nicht. Wir werden noch darauf zu sprechen kommen, daß das Gewissen nicht imstande ist, die sündige Beschaffenheit eines Menschen, biblisch ausgedrückt: das Menschenherz, von Grund auf zu ändern.

Hier wollen wir nur die Tatsache unterstreichen, daß das Gewissen des gefallenen Menschen nicht imstande ist, ihn davon zu überzeugen, daß er ein Sünder ist. Es wird sich zwar melden und ihm sagen: »Das, was du tust, ist Sünde vor Gott und den Menschen« – aber vom eigentlichen Wesen der Sünde und von den ewigen Konsequenzen, die sie nach sich zieht, erfährt er in seinem Gewissen nichts, einfach darum, weil er die volle Kenntnis des guten Willens Gottes verloren hat (Röm. 12, 2). Darum mußte sich Gott dem gefallenen Menschen offenbaren. Von dieser Offenbarung berichtet die Bibel auf jeder Seite.

Aus der Heiligen Schrift erfahren wir, daß das erste, das Gott offenbarte, das Gesetz war. »Das Gesetz ist durch Mose gegeben; die Gnade und Wahrheit ist durch Jesus Christus geworden«, Joh. 1, 17. »Das Gesetz und die Propheten reichen bis auf Johannes. Von da an wird das Evangelium vom Reich Gottes gepredigt«, Luk. 16, 16.

Dem Volk, das Gott erwählte, offenbarte er seinen Willen in bezug auf Gottesdienst, Buße und Opfer, und in bezug auf das sittliche Leben. Schritt für Schritt mußte er ihn offenbaren, geradeso wie er die Wahrheit des Evangeliums offenbarte. Dabei erwies er sich als mustergültiger, weiser Erzieher. Wir unterrichten ja auch unsere Kinder so, daß wir den Lehrstoff über mehrere Jahre und auf mehrere Klassen verteilen. Wollte ein Lehrer den Schülern schon in der ersten Klasse alle Kenntnisse vermitteln, so würde er gar nichts erreichen. Verwirrt durch die Fülle des Stoffes, würde das Kind überhaupt nichts behalten. Wenn er aber im Unterricht schrittweise vorgeht und das Kind mitkommt, dann wird es sich das erforderliche Wissen angeeignet haben, nachdem es alle Klassen durchlaufen hat.

Das war auch die Methode, mit der Gott vorging, als er Israel in seine Offenbarungsschule nahm und es eine Klasse nach der anderen durchmachen ließ. Zuweilen war Israel ungehorsam, und es weigerte sich zu lernen. Dann erreichte es das Klassenziel nicht und Gott ließ es sitzenbleiben. Es mußte die betreffende Klasse noch einmal durchlaufen. Aber Gott hatte Mitleid und Geduld mit seinen Kindern, trotz ihres Ungehorsams und obwohl sie nicht sehr lernbegierig waren. Und im Verlauf der Jahrhunderte hatte er sein auserwähltes Volk so weit mit seinem Willen vertraut gemacht, daß er es in die Abschlußklasse versetzen konnte, die begann, »als die Zeit erfüllt war«.

Bis dahin hatte Gott auf vielerlei Weise durch die Propheten gesprochen. Nun sandte er seinen eingeborenen Sohn, der die Offenbarung Gottes und damit auch die Offenbarung seines Gesetzes oder Willens, vollenden sollte.

Das Neue Testament sagt uns, daß die alttestamentliche Offenbarung des Gotteswillens ungenügend und unvollständig war. So lesen wir im Hebräerbrief Kap. 9, 9 f.: »Es werden da Gaben und Schlachtopfer dargebracht, die doch im Gewissen den nicht vollkommen machen, der da Gottesdienst tut. Es sind nur Satzungen äußerlicher Heiligkeit über Speise und Trank und mancherlei Waschungen, die auferlegt sind bis auf die Zeit, da die richtige Ordnung kommt.«

Das Wort »*äußerliche* Satzungen« weist offen auf die äußerlichen Vorschriften der Gesetzesoffenbarung im Alten Bund. Es bezieht sich auf Vorschriften über Essen und Trinken, über erlaubte und verbotene Speisen. Es bezieht sich allein auf kultische Unreinheit, auf die Unreinheit natürlicher Dinge, und ganz und gar nicht auf sittliche Unreinheit. Charakteristisch ist, daß diese Vorschriften mit keinem Wort die Beschaffenheit des Herzens, der Motive, der Person berücksichtigen. Die äußere Handlung wird als sündig bezeichnet, und diese ist sündig und wird bestraft ohne Rücksicht darauf, ob sie vorsätzlich oder infolge eines Versehens begangen wird.

Man denke nur an das Schicksal Ussas bei der Überführung der Bundeslade nach Jerusalem, wie es 2. Sam. 6, 3–7 berichtet ist. Sein Bruder lenkte das Fuhrwerk, auf dem die Bundeslade stand. Ussa schritt neben dem Wagen her. Als die Zugochsen bei der Tenne Nachons scheuten und der Wagen umzukippen drohte, griff Ussa zu und hielt die Lade fest, so daß sie nicht herunterfallen konnte. »Da ergrimmte des Herrn Zorn über Ussa, und Gott schlug ihn daselbst um seines Frevels willen, daß er daselbst starb bei der Lade Gottes.« Seine Verfehlung bestand darin, daß er die Bundeslade berührt hatte, was nach 4. Mose 4, 15 den Tod nach sich zieht.

Den meisten von uns ist bei dieser Geschichte nicht wohl. Man fragt sich: Warum verfuhr Gott so streng mit diesem Mann, der doch nur verhindern wollte, daß Gottes heilige Lade beschädigt oder gar vernichtet wurde? Was bezweckte Gott überhaupt mit solchen äußeren Vorschriften, die eine Tat schwer bestrafen, ohne daß nach den Motiven auch nur gefragt wird? Uns kommen die meisten Strafen im alten Israel außerordentlich hart vor.

Auf manche dieser Fragen erhalten wir sicher keine Antwort. Gott ist gerecht in all seinem Tun, auch wenn wir ihn nicht begreifen. Es gehört zum Wesen Gottes, daß er unerforschlich ist. Sogar als ein Gott, der sich in seinem Handeln offenbart, finden wir doch vieles in seinem Offenbarwerden, das uns unbegreiflich bleibt.

Wer Erfahrung im Umgang mit Kindern hat, weiß, daß wir mit dem ganz Kleinen noch nicht über Motive und die rechte Gesinnung reden können. Davon versteht es noch nichts. Es versteht lediglich die Tat selbst, ob es gemacht hat, was Vater oder Mutter ihm auftrugen, ob es unterließ, was Vater oder Mutter verboten haben.

Hierin beweist das Kind seinen Gehorsam gegen die Eltern in diesem frühen Stadium seiner Entwicklung. Es lernt zu tun, was Vater und Mutter sagen, ohne zu wissen, warum und wofür, und ohne Diskussion mit den Eltern, warum es gerade so und nicht anders handeln soll.

Dies ist genau der Weg, den Gott mit dem Volk Israel ging, als er es an Kindesstatt annahm und mit seiner Erziehung begann. Zuerst mußte er ihm unbedingten Gehorsam beibringen. Darum gab er ihm klare und bestimmte Anweisungen und Gebote, die sein äußeres Verhalten betrafen, die es gewissenhaft und pünktlich einhalten sollte.

Was die strenge Strafe betrifft, die er verhängte, so ist diese offensichtlich ein wirksamer Anschauungsunterricht, der besser als Worte diesem Kind Israel den Satz einprägte, den es unbedingt zuerst lernen mußte: Der Herr ist ein heiliger Gott und Sein Wille ist heilig. Es ist ein Majestätsverbrechen, wenn einer den Vorschriften, die Gott erlassen hat, widersteht.

Auch die Polygamie ist ein Beispiel für die Unvollkommenheit der frühen Gesetzgebung. Im Gesetz ist diese zwar nirgends ausdrücklich gebilligt oder verboten, aber bei manchen Bestimmungen wird ihr Vorhandensein stillschweigend vorausgesetzt, z. B. 5. Mose 21, 15. Einschränkend wird nur gesagt, daß der König nicht viele Ehefrauen haben soll, 5. Mose 17, 17.

Denken wir ferner an das Gesetz über die Ehescheidung, das Mose auf Anordnung Gottes dem Volk gab: 5. Mose 24, 1–4. Darüber urteilt Jesus Matth. 19, 1–9, daß es wegen der »Herzenshärtigkeit« erlassen worden sei, jedoch der eigentlichen Absicht Gottes mit dem Ehestand und Seinem Willen nicht entspreche.

Da sind die sogenannten Rachepsalmen, in denen der Verfasser Rache und Vergeltung über seine Feinde erbittet: »Wohl dem, der dir vergilt, was du uns getan hast! Wohl dem, der deine jungen Kinder nimmt und zerschmettert sie an dem Stein!«, Ps. 137, 8 f.

Diese Einstellung zu den Feinden ist offensichtlich unbefriedigend, insbesondere wenn wir sie mit dem Verhalten Jesu seinen Feinden gegenüber vergleichen. Er weint über das rebellische und blutdürstige Jerusalem, und am Kreuz betet er für seine Peiniger: »Vater, vergib ihnen, denn sie wissen nicht, was sie tun.« Zu seinen Jüngern sagt er: »Liebet eure Feinde!«, Matth. 5, 44.

Indessen müssen wir anmerken, daß der Psalmist solche Verwünschungen über die Feinde nicht aus persönlicher Rachsucht ausspricht. Es handelt sich für ihn um die Feinde des Volkes Gottes, auf die er Gottes schreckliche Heimsuchung herabfleht. Übrigens erweist sich die Tatsache, daß er solches erfleht, als ein unvollkommener Ausdruck des Glaubens an Gottes Gerechtigkeit.

Das Schlimmste für den gläubigen Israeliten war ja nicht die Verfolgung durch die Gottlosen, sondern die Tatsache, daß Gott zu all dem Unrecht schwieg, so daß der Gottlose frech spotten konnte: »Wo ist nur euer Gott? Er faßt uns nicht an, obwohl wir euch viel Übles tun.«

Das war eine schwere Anfechtung für den Glauben des

Frommen Man lese einmal den ersten Teil des 73. Psalms, um das nachzuempfinden. In solcher Anfechtung entsteht der Wunsch, Gott möge seine Macht beweisen und seine Drohungen wie seine Verheißungen verwirklichen, seine Drohungen gegen die Gottlosen und die Verheißungen, die er den Frommen gegeben hat.

Aber selbst wenn wir diese Psalmen in diesem Lichte sehen, müssen wir sagen: ein unvollkommener Ausdruck von Gottes Willen sind sie doch. Für Jesus war die *Rettung* der Feinde entscheidend, nicht ihre *Bestrafung*.

Wir haben die wichtigsten Grenzen der Kenntnis des Willens Gottes im Alten Testament aufgezeigt und kommen zum Schluß noch einmal auf das eingangs zitierte Wort aus dem Hebräerbrief zurück, wonach die alttestamentliche Gesetzesoffenbarung nicht vermochte, das Gewissen in seiner Beziehung zu Gott *vollkommen* zu machen.

Darum gibt Gott den Neuen Bund, die abschließende und endgültige Offenbarung seiner selbst. In ihm kommt die Gesetzesoffenbarung und die Offenbarung seines Willens zu ihrem Abschluß. Jesus weiß sich als deren Vollender: »Ihr sollt nicht wähnen, daß ich gekommen bin, das Gesetz oder die Propheten aufzulösen; ich bin nicht gekommen aufzulösen, sondern zu erfüllen«, Matth. 5, 17.

Dies Wort darf indessen nicht so ausgelegt werden, als ob Jesus die fortdauernde Gültigkeit aller Vorschriften des Mose-Gesetzes im Neuen Bund gelehrt hätte. Er hat vielmehr unmißverständlich erklärt, daß alles äußerlich Gesetzliche von den durch Mose gegebenen Vorschriften abgestreift werden sollte, sowohl in religiöser als auch in sittlicher Hinsicht, bei allem, was das Verhältnis des Menschen zu Gott und seinen Mitmenschen angeht.

Die Aufhebung der alttestamentlichen Vorschriften, die den Gottesdienst betreffen, verkündet er mit seinem Wort an die Samariterin, Joh. 4, 21.

Wenn also Jesus sagt, er sei nicht gekommen, das Gesetz aufzulösen, so meint er damit: Gottes früheres Offenbarungswerk setze ich nicht außer Kraft, sondern ich führe es weiter und vollende es. Er war gekommen, alles zu erfüllen und zu vollenden, was Gesetz und Propheten nicht nur durch Sein Wort, sondern auch durch sinnbildliche Handlungen und Vorschriften verheißen hatten. In diesem Sinne sagt Philippus zu Nathanael: »Wir haben den gefunden, von welchem Mose im Gesetz und die Propheten geschrieben haben«, Joh. 1, 45.

Worin besteht nun das Neue, das Jesus im Blick auf die Offenbarung des Gotteswillens gebracht hat?

Erstens: Er predigte die neue und revolutionierende Wahrheit, daß die Sünde nicht eigentlich in der Tat liegt, die begangen wird, oder in dem Wort, das über die Lippen kommt, sondern in der Gesinnung, aus der diese entsprungen sind. So erklärt Jesus beispielsweise: »Von innen, aus dem Herzen des Menschen, kommen die bösen Gedanken: Unzucht, Dieberei, Mord, Ehebruch, Habsucht, Bosheit, List, Schwelgerei, Mißgunst, Lästerung, Hoffart, Unvernunft«, Mark. 7, 21 f.

Hier sagt Jesus: Was eine Tat gut oder schlecht, sündig oder nicht sündig macht, wird weder von der Tat selbst noch von den Folgen, noch vom Ergebnis entschieden, sondern allein vom Motiv, vom Beweggrund, aus dem sie entspringt. Die Sünde ist also zunächst ihrem Wesen nach ein Vorgang in unserem Herzen, ein Ausdruck unseres Willens. Im 5. und 6. Kapitel des Matthäus-Evangeliums erläutert er das näher an mehreren Beispielen.

Selbst die besten Werke, wie Opfern, Beten, Almosengeben, sind sittlich ohne Bedeutung, wenn sie nicht aus der rechten inneren Einstellung heraus geschehen, 1. Kor. 13. Wenn ich Almosen gebe, um von Menschen bewundert zu werden, so mag meine Gabe für den, der sie bekommt, zwar etwas wert sein, für mich ist dieses gute Werk nicht allein wertlos, sondern es ist sogar verwerflich, weil es aus einem unsittlichen Motiv heraus geschah.

Zweitens verkündigte Jesus das Neue, daß die eigentliche Sünde die innere ist. Eine sündige Tat ist ohne äußerlichen Vollzug schon dann begangen, wenn sie im Innern beschlossen ist.

»Ihr habt gehört, daß zu den Alten gesagt ist: Du sollst nicht töten; wer aber tötet, der soll des Gerichts schuldig sein. Ich aber sage euch: Wer mit seinem Bruder zürnt, der ist des Gerichts schuldig; wer aber zu seinem Bruder sagt: Du Nichtsnutz! der ist des Hohen Rats schuldig; wer aber sagt: Du gottloser Narr! der ist des höllischen Feuers schuldig«, Matth. 5, 21 f. »Ihr habt gehört, daß gesagt ist: Du sollst nicht ehebrechen; ich aber sage euch: Wer eine Frau ansieht, ihrer zu begehren, der hat schon mit ihr die Ehe gebrochen in seinem Herzen«, Matth. 5, 27 f.

Damit hat Jesus die Offenbarung Gottes zu dem Ziel gebracht, das Gott schon von Anfang an beim Alten Bund im Auge hatte. Mit Rücksicht auf ihre »Herzenshärtigkeit« konnte er ihnen das damals noch nicht so sagen. Daher mußte er Gebote und Verbote erlassen, die allein die sündigen äußeren Werke und Worte und nur teilweise die sündigen Gedanken unter Strafe stellten.

Erst bei Jesus fällt das Licht des Gesetzes auf die Stelle, für die es von vornherein bestimmt war, auf das Herz des Menschen, auf seinen Willen, seine Motive. Jetzt ist das Licht des göttlichen Gesetzes nicht mehr nur auf einzelne Gebiete des menschlichen Lebens gerichtet, sondern auf den Menschen selbst. In bezug auf die Menschheit sagt Jesus uns nicht mehr nur: er spricht Böses, er tut Böses, er denkt Böses, sondern: er ist böse, Luk. 11, 13. Und das Böse an der Sache ist, daß dasjenige, was wir sprechen, tun und denken, immer uns selbst zum Mittelpunkt hat. Wir kreisen immer um uns selbst.

Jesus dagegen war ohne Sünde. Er war gut. In jeder Hinsicht tat er nicht seinen eigenen Willen, sondern den des Vaters. Er liebte allezeit seinen Nächsten wie sich selbst und dachte niemals an sich selbst, wenn irgend jemand seiner Hilfe bedurfte.

Jesus warf auch neues Licht auf unser Verhältnis zu Gott. Alle nichtchristlichen Religionen fordern, daß man die Gottheit anbete, ihr diene oder Opfer darbringe. Jesus dagegen spricht davon, Gott zu lieben. »Du sollst lieben Gott, deinen Herrn, von ganzem Herzen, von ganzer Seele und von ganzem Gemüte«, Matth. 22, 37.

So kommt es in unserem Verhältnis zu Gott auf die Einstellung des Herzens an. Wie fromm unsere Handlungen auch sein mögen, unser Beten und Opfern, Jesus nennt sie völlig wertlos, Matth. 5, 23 f.; 6, 5 f. Jesus sieht in das Herz, das ihn sucht. Paulus drückt das so aus: »Wenn ich weissagen könnte und wüßte alle Geheimnisse und alle Erkenntnis und hätte allen Glauben, so daß ich Berge versetzte, und hätte der Liebe nicht, so wäre ich nichts. Und wenn ich alle meine Habe den Armen gäbe und ließe meinen Leib brennen und hätte der Liebe nicht, so wäre mir's nichts nütze«, 1. Kor. 13, 2 f.

In großen Zügen haben wir Gottes Offenbarung seines heiligen Gesetzes nachgezeichnet. Bekanntlich ist die Gesetzesoffenbarung Gottes ein Teil seiner Heilsoffenbarung, es ist ihr Fundament, denn das Heil besteht ja in der Erlösung von der Sünde, und das Schlimmste an der Sünde ist nicht, daß der Mensch sie tut, sondern daß er sein Sündigsein nicht sieht und erkennt.

Durch Offenbarung seines Gesetzes hat Gott dem Gewissen des gefallenen Menschen jenes Gesetzesmaterial an die Hand gegeben, das die erste und absolut unentbehrliche Voraussetzung dafür ist, daß es den Menschen der Sünde überführen kann. Nun kommt es nur noch darauf an, das Gewissen zu einer richtigen Anwendung dieses Materials zu bringen. Wäre das Gewissen durch den Sündenfall unbeschädigt geblieben, so würde es sich unverzüglich daran machen, dieses Material auszuwerten. Aber hier zeigt sich's, wie sehr das Gewissen beim Fall des Menschen in Mitleidenschaft gezogen worden ist.

In »christlichen Ländern« haben alle Menschen gewisse Kenntnis des Gesetzes, des Willens Gottes, wie er in Jesus Christus offenbart worden ist. Es zeigt sich jedoch, daß die meisten von ihnen so leben, als hätten sie keine Ahnung von den Geboten Gottes. Ihr Gewissen ist nicht stark genug, ihr tägliches Leben nach dem Willen Gottes zu ordnen.

Man könnte meinen, das liege daran, daß sie wohl die Stimme des Gewissens vernommen hätten, die ihr Alltagsleben verurteilt, daß sie aber dem Spruch des Gewissens sich nicht unterwerfen wollen.

Aber diese Erklärung ist nicht stichhaltig; denn dann müßten die Menschen, während sie ihren täglichen Pflichten nachgehen, ständig das Urteil eines schneidenden Gewissens über sich hängen fühlen; weil sie sich geweigert haben, sich zu demütigen, wären sie der Qual unerbittlicher Urteilssprüche und den niederschmetternden Anschuldigungen ihres Gewissens ausgesetzt. Aber eben so liegt es bei den meisten gar nicht. Es ist erschreckend zu beobachten, wie die große Masse der »Christen« in den Tag hineinlebt, gleichgültig und offenbar mit einem friedlichen Gewissen. Daher müssen wir untersuchen, was Gottes Erlösung hier tun mußte.

Die Erweckung des Gewissens

*»Wieviel mehr wird das Blut Christi . . . unser Gewissen
reinigen von den toten Werken, zu dienen dem lebendigen Gott.«*   *(Hebr. 9, 14)*

Wir haben gesehen, daß dem Gewissen des gefallenen
Menschen nicht dadurch zu helfen ist, daß Gott in Jesus
Christus uns seinen Willen kundgetan hat. Soll das Gewissen des Menschen seine Aufgabe erfüllen und den offenbarten Gotteswillen sich zunutze machen, so muß Gott an unserem Gewissen das *Wunder* der »Erweckung« tun.

Geistliche Erweckung ist nichts anderes als Erweckung
des Gewissens. Irgendwie rührt Gott unser Gewissen an, so
daß es beginnt, normal zu funktionieren. Bis dahin hat es
mehr oder weniger tief geschlafen. Zeitweise ist von seinem
Urteil überhaupt nichts zu hören gewesen, oder dann wieder hat es so schwach und unbestimmt gesprochen, daß weder gehört noch gefolgt wurde.

Nun wird das mit einem Mal anders. Was da eigentlich
geschieht und wie es vor sich geht, das läßt sich kaum zutreffend beschreiben. Die Erweckung gehört zu den geheimnisvollsten Vorgängen im Menschenleben. Klarer erkennbar sind jedoch ihre Wirkungen. Ob sie an dem einen
langsam arbeitet, an einem anderen rasch, sogar plötzlich,
der Erfolg ist immer derselbe: Wir wissen uns auf wunderbare Weise vor Gottes Angesicht gestellt.

Es gibt eine Ähnlichkeit zwischen dieser Erfahrung und
unserem Gewissen, die bemerkenswert ist. Das Gewissen
redet völlig unaufgefordert. Es hört nicht auf zu reden,
wenn wir seine Stimme zum Schweigen bringen wollen.
Vielleicht redet es nie vernehmbarer als in solchen Fällen.

Genauso steht es mit der Erweckung. Die kommt auch
ungerufen über einen Menschen. Ja, sie ist uns lästig, weil

sie meist zu ungelegener Zeit kommt.

Hier sehen wir, wie unverdient die Gnade der Erweckung ist. Wir wurden nicht geweckt, weil wir uns das so gewünscht oder uns darauf vorbereitet hätten. Im Gegenteil, alles, was wir vor unserer Erweckung unternahmen, geschah, um das Wachwerden zu verhindern, genauer gesagt: es Gott so schwer wie möglich zu machen, uns zu wecken. Aber Gott griff ein, ohne uns zu fragen.

Dies soll selbstverständlich nicht heißen, daß Gott irgend jemanden zwingt, Christ zu werden. Wir reden hier von der Erweckung und nicht von der Bekehrung. Gott zwingt keinen, sich zu bekehren. Aber das Recht, uns zu wecken, läßt er sich nicht nehmen. Keiner von uns soll den breiten Weg ins ewige Verderben gehen, ohne daß der lebendige Gott ihn unterwegs anhielt und ihm durch das Wunder der Erweckung die Möglichkeit zur Bekehrung gab.

In der Heiligen Schrift stehen bemerkenswerte Worte darüber, daß Gott den Menschen »Bekehrung gibt« (Apg. 5, 31; 11, 18; 2. Tim. 2, 25). Ja, hier steht, daß Gott Bekehrung gibt, wie er Sündenvergebung gibt.

Merken wir uns: Durch die Erweckung gibt Gott dem Menschen Bekehrung. Durch das Wunder der Erweckung wirkt er auf ihren Willen ein, um sie zur Bekehrung zu bewegen. In der Bibel wird das so ausgedrückt: »Gott ist's, der in euch wirkt beides, das Wollen und das Vollbringen, zu seinem Wohlgefallen«, Phil. 2, 13, und »der Lydia tat der Herr das Herz auf, daß sie darauf achthatte, was von Paulus geredet ward«, Apg. 16, 14.

Wir sahen, der Ausdruck Herz bedeutet im Alten und im Neuen Testament soviel wie Gewissen. Auch hier liegt es nahe, ihn in diesem Sinn aufzufassen. Dann steht hier: Gott tat der Lydia das *Gewissen* auf, daß sie auf das Wort achthatte. *Wie* Gott das macht, das ist sein Geheimnis, das ist eben das »Wunder der Erweckung«. Aber *daß* er das Gewissen auftut, das erleben wir durch seine Gnade.

Was bedeutet das für uns, daß Gott unser Gewissen auf-tut? Die erste und nächstliegende Wirkung ist wohl die, daß das Gewissen sich wieder *meldet.* Zuvor hat es mehr oder weniger geschlafen, und wenn es seine Stimme erhob, dann klang diese recht schwach. Daher wurde sie in der Regel überhört, manchmal auch bewußt zum Schweigen gebracht. Aber nun kommt das Gewissen auf einmal wieder zu Wort. Ja, es darf das entscheidende Wort sagen, wie es seinem eigentlichen Wesen entspricht.

Es ist ein Wunder Gottes, das unserem Gewissen die Erlaubnis gibt, das entscheidende Wort zu sprechen. Dabei wird uns bewußt, daß wir vor das Angesicht des allgegenwärtigen Gottes gestellt sind.

Aber stehen wir denn nicht ständig vor Gott? Leider nein. Hier rühren wir an heilige, geheimnisvolle Dinge, die sich nicht leicht erklären lassen. Die Schrift redet betont von Zeiten, wo der »Herr zu finden« und wo der »Herr nahe ist«, Jes. 55, 6. In einer solchen heiligen Zeit und an solch einem Platz vor Gottes Angesicht erhält das Gewissen seine Lebensbedingungen zurück, so daß es seiner eigentlichen Aufgabe gerecht werden kann. Nun kann es mit Nachdruck, ja mit überwältigender Vollmacht seinen Ruf erschallen lassen. Nun ist es in Wahrheit die Stimme Gottes in uns! Und diese Stimme dringt durch Mark und Bein.

Die Bibel spricht von Menschen, die vor Gottes Wort »zittern«, Jes. 66, 2 (Menge). Damit ist genau das beschrieben, was dem Erweckten widerfährt. Er weiß nun, was der Psalmist meint, wenn er betet: »Du bist furchtbar, und wer kann bestehen vor dir, sobald dein Zorn entbrennt?«, Ps. 76, 8 (Menge). Der Erweckte vernimmt nicht allein Gottes Stimme, sondern er weiß sich auch unter Gottes Augen. Der Herr ist ihm ganz nahe. Er hat oft das Gefühl, daß Gott ihn und sein Leben bei Tag und Nacht genau beobachtet.

Eine kurze Zwischenbemerkung sei hier eingeschaltet.

Viele »Erweckte« unserer Tage werden das hier Gesagte aus ihrer Erfahrung nicht bestätigen können. Das liegt daran, daß heute manches als Erweckung bezeichnet wird, was im biblischen Sinne gar keine ist. Oft handelt es sich dabei bloß um einen Stimmungsumschwung oder eine seelische Erschütterung, hervorgerufen durch das Wirken eines willensstarken Evangelisten. Bei einer solchen »Nervenerweckung« können wir natürlich nicht dieselben Wirkungen erwarten, wie sie die biblische Erweckung im Gewissen des Menschen hervorruft.

Selbst bei gesunden Erweckungen in der Gegenwart beobachten wir, daß ihre erweckliche Kraft erheblich geringer ist als bei solchen früherer Zeiten. Nicht im Sinne einer umfassenderen Ausbreitung der Bewegung. Im Gegenteil. Man kann beobachten, daß wir es oft verstehen, einen größeren Kreis von Menschen zu erfassen als früher. Aber die größere Kraft der alten Erweckungsbewegungen erwies sich darin, daß sie tiefer ins Gewissen drangen und eine tiefere Sündennot hervorriefen.

Bei jeder Erweckung gibt es natürlich Menschen, bei denen der Durchbruch zu Frieden und Freude verhältnismäßig leicht vonstatten geht. Er erfolgt nicht nur rasch, sondern auch eigentlich ohne innere Kämpfe. Wem es so ergangen ist, der wird durch meine Ausführungen über die durch die Erweckung hervorgerufenen Nöte, Ängste und Kämpfe vielleicht beschwert oder verwirrt.

Darum sei hier betont, daß es nicht ausschlaggebend ist, wie eine Erweckung anfängt. Mancher gerät zuerst in tiefe Seelennot. Andere haben anfangs nur wenig zu kämpfen und erleben dann eine helle Zeit mit Gefühlsbewegungen und innerem Frieden. Aber die Kämpfe kommen auch für sie, und wir beobachten oft, daß sie härter sind als für die, die gleich zu Anfang in den großen Kampf geworfen werden. Wenn ich versuche, die Kämpfe zu schildern, die mit der Erweckung, der Bekehrung und dem Glauben verbunden sind, so soll keiner meinen, daß der Erweckte alles das an sich selbst beobachten und darüber nachdenken könnte.

Ich kann nicht genug betonen, daß der Erweckte weit mehr *erlebt* als er *versteht*, weit mehr auch, als ihm durch Selbstbeobachtung erfaßbar wird. Es gehört zu den Erfahrungstatsachen, daß wir mehr erleben, als wir zugleich mit unserem Verstand erfassen können. Und trotzdem können wir ein Erlebnis bis zur Neige auskosten. So geht es auch dem erweckten Menschen. Und dabei möchte ich ihm gern helfen.

Was sagt nun das Gewissen zum Erweckten? Es redet immer nur von zweierlei: Vom Willen Gottes und von der Sünde des Erweckten.

Welche Sünde das Gewissen straft, das hängt von der Erkenntnis des Willens Gottes bei dem Betreffenden ab. Gewöhnlich ist es anfangs nicht allzu viel. Darum wird das Gewissen zunächst die äußerlichen Sünden verurteilen, beispielsweise Lügen oder Betrügen, Fluchen, Trinken, Aufbrausen, Zanken oder Murren usw.

Aber bald wird der Erweckte von Gottes Willen mehr wissen. Er fängt ja an zu beten und die Bibel zu lesen, er kommt unter das Wort Gottes und sucht Austausch mit anderen Gläubigen. Da kann es nicht ausbleiben, daß das Gewissen beginnt, auch seine inwendigen Sünden zu beurteilen, seine Gedanken, seine Wünsche, seine Phantasie. Damit wird der Einflußbereich des Gewissens ungeheuer erweitert. Unablässig wird es dem Menschen nun zusetzen.

Nach einiger Zeit, wenn der Erweckte in der Kenntnis des Willens Gottes weiter fortgeschritten ist, wird sein Gewissen sich daranmachen, einen weiteren Bereich seines Lebens unter sein Urteil zu stellen: die Unterlassungssünden, das, was er Tag für Tag tun könnte und sollte und was er doch nicht tut.

Schließlich wird das Wort Gottes den Erweckten soweit gebracht haben, daß er nicht nur einzelne Gedanken, Worte, Taten, Wünsche, Phantasien und auch die Unterlassungssünden als Sünde erkennt, sondern merkt, wie seine ganze Person, sein Herz, sündig ist, dieser Wurzelboden, aus dem alle Einzelsünden wie frische Schößlinge hervorsprießen. Und sobald das Gewissen mit seinem Urteil das Herz erreicht hat, tritt es allen Ernstes sein richterliches Amt an. Nun liegen die ganze Persönlichkeit und alle ihre Einzelzüge offen vor ihm, nun weiß der Erweckte: Gott fragt nicht nur nach dem rechten Tun und Reden. Es ist das *Motiv*, der Beweggrund, der hinter allem Reden und Tun steht. Der zählt vor Gott.

Und nun spricht das Gewissen mit unbeugsamer Ehrlichkeit und unerbittlicher Autorität: »Du liebst nicht Gott. Du liebst auch nicht deinen Nächsten. Du liebst nur dich selbst und diejenigen, von denen du dir Vorteile oder Freude versprichst.« Das Gewissen redet deutlich: »Gewiß, du betest zu Gott: aber etwa aus Liebe zu ihm? Wie kommt es dann, daß du dich immer neu zwingen mußt, einige Minuten mit ihm zu sprechen, und daß du jedesmal erleichtert aufatmest, wenn du dich dieser Pflicht entledigt hast? In der Praxis sind deine Gedanken oft nicht einmal während der kurzen Zeit, die du mit Gott sprichst, ganz auf ihn gerichtet. Weil du so fahrig bist, fällt es dir oft schwer, ein Vaterunser zu Ende zu bringen, ehe deine Gedanken ganz von Gott abirren.

Gewiß, du liest Gottes Wort. Aber etwa aus Liebe zu ihm? Wie kommt es dann, daß du dich immer neu zwingen mußt, auch nur einen kurzen Bibelabschnitt jeden Tag zu lesen, wobei es dir noch schwer wird, dich auf das, was du liest, zu konzentrieren? Die Zeitung liest du dagegen freiwillig und mit Interesse. Du kannst sie nicht entbehren ohne das Gefühl, daß dir etwas Wesentliches fehlt.

Gewiß, du kämpfst gegen deine Sünden! Aber haßt du die Sünde? Nein, du liebst sie. Nur aus Furcht vor ihren nachteiligen Folgen suchst du sie zu vermeiden. Du hast Angst vor Gewissensbissen. Noch mehr fürchtest du die ewige Pein.

Gewiß, du bist niedergeschlagen wegen deiner Sünden. Aber bereust du sie? Nein! Dein Bedauern über sie ist nichts anderes als das, was die Bibel die ›Traurigkeit der Welt‹ nennt: die Klage eines Egoisten darüber, daß die Sünde schlimme Folgen nach sich zieht.«

An dieser Stelle wollen wir einen Augenblick innehalten, um das *Wunder* zu bedenken, das Gott am Gewissen des Erweckten getan hat. Durch Gottes Wort *weiß* der Erweckte nicht nur, was der Wille Gottes ist, der ganze Wille Gottes: Du sollst Gott von ganzem Herzen lieben und deinen Nächsten wie dich selbst. Nein, er hat auch begonnen, sein Herz dem Willen Gottes zu öffnen. Sein wach gewordenes Gewissen hat ihm den Willen Gottes ins Herz geschrieben, nicht als bloßes Kopfwissen, sondern als gegenwärtige Wirklichkeit, als den göttlichen Willen, der einen absoluten Herrschaftsanspruch über den Menschen erhebt und der unter allen Umständen ausgeführt werden muß.

Damit ist die Erweckung an ihr Ziel gelangt. Gott hat dem Erweckten die Möglichkeit zur Bekehrung gegeben. Er muß nun wählen. Es steht ihm frei, zwischen zwei Dingen zu wählen. Entweder stößt er sich an Gott und an der Wahrheit, die dieser ihm durch sein Gewissen offenbart hat. Dann wird er seinem eigenen Gewissen zu Leibe gehen, um es zum Schweigen zu bringen.

Oder der Erweckte beugt sich der Wahrheit, von der Gottes Wort und sein erneuertes Gewissen ihn zutiefst überzeugt haben. Dann geschieht etwas Bemerkenswertes. In dem Augenblick, da der Erweckte sich zur Bekehrung entschließt, tut er den ersten Schritt des *Glaubens*. Er glaubt an Gottes Gesetz.

Das ist ein tapferer Glaube. Er glaubt nämlich nicht nur, daß das, was die Schrift als Gotteswillen verkündet, wahr ist. Auch ist dieser Glaube nicht verbunden mit einer nebelhaften Vorstellung vom Willen Gottes. Er glaubt, daß sich Gottes Wille an *ihn persönlich* richtet. Er meint auch nicht nur, dieser Gotteswille sei ihm dazu offenbart, damit er erkenne, wie sündig, wie weit weg von Gott er ist. Nein, er glaubt allen Ernstes, Gott hat ihm durch das Wort und sein Gewissen seinen Willen kundgetan, damit er ihn an jedem Tag und in allen Stücken tut.

Das ist die tapfere Seite des Glaubens, doppelt tapfer, denn der Erweckte hat durch unzählige Niederlagen erfahren, daß dies über seine Kraft geht. Immer wieder hat er erlebt, wie es ihm ganz unmöglich war, Gottes Willen zu tun.

Und doch glaubt er an Gottes Gesetz! Er glaubt, daß Gott wirklich meint, er solle das Gesetz halten. Das von Gottes Wort erleuchtete Gewissen sagt: Du sollst! Und der Erweckte glaubt der Stimme Gottes im Gewissen.

Das ist heutzutage besonders bemerkenswert, weil die meisten Prediger, falls sie in unseren Tagen überhaupt noch Gottes Gesetz predigen, dem Schwert des Gesetzes die Spitze abbrechen, und zwar in dem Augenblick, da es den Sünder trifft.

Sie reden klar und bestimmt über das, was Gottes Gesetz fordert. Aber sowie sie damit fertig sind, beeilen sie sich, dem Erweckten, der diese Forderungen Gottes ernst nimmt und sich danach richten will, zu erklären: Sieh her, das ist Gottes Gesetz und Wille. Den müssen wir beide kennen. Nur darfst du dir nicht einbilden, du könntest ihn erfüllen, das ist nämlich ganz ausgeschlossen. Solltest du trotzdem meinen, du könntest nach Gottes Willen handeln, so spricht daraus nur das ungebrochene Selbstvertrauen und der Hochmut des »alten Adam«. Vielmehr sollst du Gott danken, daß Jesus das Gesetz an deiner Statt erfüllt hat, so daß du nur an ihn zu glauben brauchst, um gerettet zu werden.

Diese Art von Seelsorge ist heutzutage weit verbreitet. Man läßt sich dabei von zarter Rücksicht auf die Erweckten leiten. Sie sollen nicht in ein gesetzliches Wesen hineingeraten, sondern die Gnade ergreifen und möglichst schnell erlöste und glückliche Gotteskinder werden.

Die Absicht ist gut, aber der Erfolg solcher Seelsorge kann nicht gutgeheißen werden. Wahres und Falsches wird hierbei in unglücklicher Weise vermengt. Es ist wahr, Jesus hat an unserer Statt das Gesetz erfüllt. Richtig ist auch, daß allein der Glaube an Christus selig macht.

Übersehen wird jedoch, daß niemand an Christus glauben kann, der nicht zuvor seine eigene Hilflosigkeit erkannt hat. Man vergißt leicht das Wort des Apostels, daß durch das Gesetz Erkenntnis der Sünde kommt, Röm. 3, 20. Man übersieht, daß Gott tötet, ehe er lebendig macht, 1. Sam. 2, 6. Und zwar tötet er durch das Gesetz, Gal. 2, 19. Man vergißt, daß ein Mensch nur dann durch das Gesetz getötet wird, wenn er es erfüllt. »Als das Gebot kam, ward die Sünde lebendig, ich aber starb«, sagt der Apostel, Röm. 7, 9.

Man meint es gewiß gut mit dem Erweckten. Man will ihm die Arbeit unter dem Gesetz abnehmen, um ihn gleich zum Glauben an die freie Gnade zu führen. Aber das Ende vom Lied ist, daß der Gläubige weder an das Gesetz noch an die Gnade wirklich glaubt; denn die Gnade dringt nur in den Kopf, aber nicht ins Herz, wie wir das bei unendlich vielen sogenannten »Christen« finden.

In alten Zeiten, als man mehr gesetzlich dachte, gab es unzweifelhaft viel mehr frei gewordene Gläubige als heute. Weil man durch das Gesetz getötet worden war, stellte sich das Verlangen nach dem Evangelium begreiflicherweise besonders heftig ein. Damit waren die inneren Voraussetzungen für den Glauben an das Evangelium geschaffen. Es blieb nicht bei der bloß gedanklichen Aneignung.

An dieser Stelle kommt mir der Junge in den Sinn, der einem Schmetterling helfen wollte, aus seiner Puppe herauszukommen. Er sah, wie dieser sich quälte, die Umhüllung abzustreifen. Nur wenige Fasern hielten ihn noch fest. Der Junge griff zu und schnitt diese durch. Der Schmetterling war frei. Der Knabe freute sich königlich über den Falter und über die gelungene kleine Operation. Als er aber merkte, daß er dem Schmetterling einen sehr schlechten Dienst erwiesen hatte, wurde er traurig. Der Schmetterling konnte nämlich nicht fliegen. Er lernte es auch nie. Die angestrengten Bewegungen, mit denen er sich aus der Umhüllung der Puppe freimachte, hätten dazu gedient, ihn flugtüchtig zu machen.

Heutzutage gleichen viele Erweckte diesem Schmetterling. Durch eine »verfrühte Geburtshilfe« hat man sie um die Geburtswehen gebracht, die unumgänglich nötig sind, wenn Leben zur Welt kommen soll.

Wie denn, sollen wir den Erweckten nicht das Evangelium von der freien Gnade verkündigen? Ja, ganz gewiß sollen wir das. Aber wir sollen beides, Gesetz und Evangelium, verkünden, von der Sünde und von der Gnade mit ihnen reden. Ein Erweckter soll in jeder Predigt von der Gnade Gottes in Christus hören. Aber wir sollen nicht in Ungeduld und falschem Eifer Gott vorgreifen wollen.

Gesetz und Evangelium sollen in gleicher Weise auf den Erweckten einwirken, damit er zum Glauben an beide gelangt. Und wir sollten uns niemals der Illusion hingeben, wir könnten einen Menschen zum Glauben an das Evangelium führen, bevor wir ihm durch Gottes Gnade zum Glauben an Gottes Gesetz und seinen Willen verholfen haben und zu der Einsicht, daß er diesen Willen Gottes zu tun hat.

Erst dann, wenn er seine eigene Kraft erprobt hat und die unausweichlichen Forderungen seines erneuerten Gewissens ihn so zermürben und erschöpfen, daß ihm kein anderer Ausweg mehr bleibt, als unter dem Kreuz, zu den Füßen Jesu aufzugeben, erst dann »lernt« er, an das Evangelium zu glauben.

Aber das »lernt« keiner durch theoretische Aneignung.

Das lernt man nur im bitteren Lebenskampf mit dem Gesetz Gottes, wenn der Mensch durch dieses Gesetz getötet worden ist und er erfährt, daß dies der Weg ist zum Leben in dem Sohne Gottes.

Das Gewissen und das alte Ich

»Ich bin durchs Gesetz dem Gesetz gestorben, damit ich Gott lebe.«   *(Gal. 2, 19)*

Dem Erweckten sagt sein Gewissen: Du sollst Gott über alle Dinge lieben und deinen Nächsten wie dich selbst. Die Erfahrung des täglichen Lebens sagt ihm: das ist ganz unmöglich. Aber noch glaubt er der Stimme des Gewissens. Nach jeder Niederlage beginnt er unverdrossen von neuem. Er gibt den Kampf nicht auf. Auch handelt er von der Forderung nichts herunter, bis sie schließlich erfüllbar wird. Nein, er erkennt Gottes berechtigten Anspruch an.

Es ist aber klar, daß der Erweckte dadurch in *Verzweiflung* gerät. Was soll aus ihm werden, wo er doch nicht anders werden kann, als er ist? Anderen gelingt es. Sie dringen durch zum Frieden mit Gott. Aber er schafft es nicht.

Fragt einer dazwischen, ob er denn nichts von Gottes Gnade weiß, so lautet die Antwort: Sicher. Von der Gnade hört er in jeder Predigt. Von ihr liest er jeden Tag in seiner Bibel. In manchem Gespräch unter vier Augen haben Gläubige ihm die Gnade bezeugt.

Hier zeigt sich, daß das Wort Gottes eine geheimnisvolle Sache ist. Ein »zweischneidig Schwert«, wie die Bibel sagt. Das Gesetz steckt im Evangelium und das Evangelium im Gesetz.

Es kommt jedoch auf das Ohr an, welches das Wort Gottes hört. Das Ohr eines aus dem Sündenschlaf Erwachten ist hellhörig. Es hört aus den herrlichsten Gnadenzusagen Gottes noch sein Gesetz heraus. Er wird sich sagen: Das stimmt alles. Gott ist wirklich so gnädig. In seinem Sohn Jesus Christus hat er sein Erlösungswerk vollbracht. Aber was nützt mir das alles? Selbst wenn Gottes Gnade noch größer wäre, selbst wenn Jesus sich noch einmal für die Sünden aufopferte, kann mir das doch nicht helfen. Man kann doch unmöglich erwarten, daß der gnädige Gott einem Sünder vergibt, der seine Sünde nicht einmal bereut, der nur mit halbem Herzen Gutes tun will und im tiefsten Grunde die Sünde liebt.

Es ist leicht einzusehen, warum ein solcher Sünder durch nichts so niedergedrückt wird wie durch Gottes Gnade. Muß er sich doch immer wieder sagen: Da siehst du, wie schlimm es um dich steht. Gott ist gut und gnädig – aber du bist so unmöglich, daß nicht einmal dieser gute Gott mit dir etwas anfangen kann.

Je klarer einer durch sein geschärftes Gewissen die »Härtigkeit«, Gleichgültigkeit, Kälte und Leichtfertigkeit des eigenen Herzens erkennt, um so mehr wird sich ihm der Gedanke aufdrängen, daß Gottes Geist von ihm gewichen sei. Daher ist er jetzt inwendig so ausgebrannt. Er meint, er habe die Sünde begangen, von der die Schrift sagt, daß sie dem Menschen nicht vergeben werden könne.

Dieser Gedanke liegt besonders nahe, weil man erkennt, daß man bewußt gegen den Befehl des Gewissens handelt.

Bevor das Gewissen wach wurde, konnte man wohl manchmal Angst verspüren, wenn man sich über eine warnende innere Stimme frech hinweggesetzt hatte. Aber nun ist das eine andere Sache. Es vergeht kein Tag, an dem man nicht in Gedanken, Worten oder Werken sündigt. Das Entsetzliche ist, daß man dies fast immer bewußt tut. Das Gewissen fordert gebieterisch: Du sollst nicht! Und man tut es doch. Und dann überfällt einen lähmende Angst.

Im Hebräerbrief, 10, 26, steht von denen, die die »Sünde zum Tode« begehen, daß sie »mutwillig« sündigen. Und nun meint man: Eben dies tue ich auch. Was ich in der Zeit der Unwissenheit gesündigt habe, war verhältnismäßig harmlos, denn da hat mein Gewissen nie so eindeutig und gebieterisch zu mir gesprochen.

Nun liefert aber jeder, der so denkt, selbst den besten Beweis dafür, daß er die Sünde wider den Heiligen Geist *nicht* begangen hat, denn alle seine Gedanken drehen sich unablässig um Christus und sein Kreuz. Er kann eigentlich an gar nichts anderes mehr denken, und er wünscht nichts so sehnlich wie Vergebung aller seiner Sünden und Frieden mit Gott.

Der sicherste Beweis dafür, daß er die genannte Sünde nicht begangen hat, ist die Tatsache, daß er um seiner Sünde willen unablässig zu Gott schreit. Immer wieder bekennt er seine Missetat. Wo es möglich wäre, krempelte er sein Herz um zum Beweis dafür, daß keinerlei Selbstbetrug oder List sich mehr darin verbergen. *So* sieht das Herz aus, das ungeteilt vor Gott steht.

Es ist nicht einfach, solche angefochtenen Menschen seelsorgerlich richtig zu behandeln. Oft genug werden sie zu rauh und ohne Verständnis für ihre Lage angefaßt.

Zwar wird kaum einer so ungeschickt sein wie der Gemeinschaftsleiter auf einem Dorf. Einer der vom Wort Gottes Ergriffenen kam eines Abends nach der Evangelisationsversammlung zu ihm, schüttete ihm sein Herz aus und erbat seinen Rat in Gewissensnöten. Da fuhr ihn der leitende Bruder an: »Was ist mit dir los? Wir haben doch vor einigen Tagen für dich gebetet!« und schickte ihn weg. Solche Seelsorge ist glücklicherweise eine Ausnahme. Sie zeigt, daß da weder Einfühlungsvermögen noch Liebe mit am Werk war. Selbst dort aber, wo der Seelsorger mit innerer Anteilnahme das Ringen eines Erweckten betrachtet, kommt es vor, daß ihm das letzte Verständnis für die oben geschilderte Gewissensnot abgeht.

Einige Pastoren sind der Ansicht, die mangelnde *Kenntnis* des Evangeliums sei schuld daran, wenn manche Seelen ohne Frieden und Heilsgewißheit bleiben. Daher meinen sie, daß ihnen vor allem die rechte Belehrung fehle.

Ganz gewiß braucht man eine gründliche Kenntnis der Heilsbotschaft. Darüber werden wir noch sprechen. Aber ich fürchte, daß es uns nicht gelingen wird, diese Kenntnis zu einer realen Hilfe für diese Erweckten werden zu lassen, bevor wir berücksichtigen, daß es ihr *Gewissen* ist, das ihnen solche Schwierigkeiten im Glauben macht. Es ist das Gewissen, das ihnen verbietet, zu glauben und die Gnade anzunehmen, die Gott ihnen im Wort von Christus anbietet.

Vor allem müssen wir uns hüten, den Protest des Gewissens falsch zu verstehen als eine Art Verbogenheit oder Eigensinn dieser suchenden Menschen, wenn sie sich mit der Gnadenbotschaft nicht gleich beruhigen lassen.

Solch eine falsche Beurteilung der Gewissensbedenken liegt nahe, besonders wenn wir öfter eingehend mit dem Betreffenden gesprochen haben und immer wieder dieselben Einwände haben anhören müssen und die spitzfindig anmutenden Versuche, nachzuweisen, daß das Wort von der freien Gnade Gottes nicht einfach »angenommen« werden könne. Er zieht dunkle Bibelstellen an den Haaren herbei, aus denen angeblich hervorgeht, daß Gottes klare Gnadenverheißungen doch nicht uneingeschränkt gelten.

Dann gilt es zu verstehen, daß es sich hier tatsächlich um Gewissensnöte handelt, nicht um bloße Wortgefechte. Im Gewissen scheut sich ein Mensch vor allem Selbstbetrug. Er befürchtet, er könne sich durch einen toten Glauben die Gnade im Intellekt aneignen, ohne sie im Herzen zu besitzen. Diese Furcht dürfen wir keinesfalls abwürgen; denn sie ist gesund und fruchtbar und darf niemals ganz verschwinden. Es kommt nur darauf an, sie in die richtigen Bahnen zu lenken. Davon später mehr.

Bisher haben wir die Funktion des erweckten Gewissens so gezeigt, wie der Erweckte und bekehrte Sünder sie erfährt. Jetzt wollen wir versuchen darzulegen, welche Absicht Gott mit diesen Erfahrungen verfolgt.

Gleich zu Anfang sei nachdrücklich betont, daß »all dieses von Gott ist«. Er hat es so geplant. Er hat es auch Schritt für Schritt durchgeführt. Es besteht also ein göttlicher Plan, den wollen wir aufspüren und verfolgen.

Tief und klar ist Gottes Absicht schon im Alten Testament ausgesprochen, und zwar in dem schlichten Wort der Hanna: »Der Herr tötet und macht lebendig«, 1. Sam. 2, 6. Ein Tötungsvorgang findet hier statt, einer der unter Gottes Leitung steht. Auch Jesus hat sich über dieses »in den Tod gegeben werden« geäußert: »Wer sein Leben verliert, der wird es finden«, Luk. 17, 33.

Der Apostel Paulus spricht ebenfalls davon: »Ich lebte vormals ohne Gesetz; als aber das Gebot kam, ward die Sünde lebendig, ich aber starb; und es fand sich, daß das Gebot mir zum Tode gereichte«, Röm. 7, 9 f. »Ich bin durchs Gesetz dem Gesetz gestorben, damit ich Gott lebe«, Gal. 2, 19.

Diese biblischen Gedanken haben eine Zeitlang in unserer Verkündigung fast völlig gefehlt. Man begnügte sich mit ein paar anderen Schriftworten über das Gesetz, etwa: »Durch das Gesetz kommt Erkenntnis der Sünde«, Röm. 3, 20, oder: »So ist das Gesetz unser Zuchtmeister gewesen auf Christus, damit wir durch Glauben gerecht würden«, Gal. 3, 24.

Bei diesen beiden Gedanken über das Gesetz stehenbleibend, sah man die Aufgabe des Gesetzes lediglich darin, daß es Erkenntnis der Sünde wirkte und auf diese Weise den Sünder zu Christus trieb. Über das Wort des Apostels von dem *tötenden* Werk des Gesetzes jedoch ging man stillschweigend hinweg. Gewiß, man ließ es stehen. Niemand bestritt es. Aber es wurde auch nicht verkündigt.

Dieses Stillschweigen hat unserer Verkündigung geschadet; denn wir sollen »den ganzen Ratschluß Gottes« verkündigen. Tun wir dies nicht, so bleibt im Erleben der Hörer etwas dunkel, weil es nicht durch Gottes Wort erhellt wird, und so kann das gesunde Leben aus Gott empfindlich gestört werden. Das hat sich gerade an diesem Punkte zur Genüge gezeigt.

Wenn ich recht sehe, gibt es in der Gegenwart besonders viele erweckte und bekehrte Menschen, denen es an Frieden und Heilsgewißheit fehlt. Ihre Unsicherheit wird oft genug zu einem Dauerzustand, unter dem die Betroffenen geistlich schwer leiden müssen. Es hat den Anschein, als ob der Verkündigung in unserer Zeit nichts so schwer wird, wie eben jenen Seelen zu helfen.

Woran liegt das? Doch wohl daran, daß wir für diese Menschen am wenigsten Verständnis aufbringen können. In unser mit leichter Hand entworfenes Seelsorgeschema passen sie nicht hinein.

Sicher würden sie aus unseren Predigten mehr mitnehmen, wenn es uns gelänge, etwas von dem zu verkündigen, was die Heilige Schrift über das *tötende* Werk des Gesetzes sagt.

Das wäre eine Antwort auf die Fragen, die sie quälen: Warum schenkt er mir nicht Frieden und Heilsgewißheit? Warum ist er so streng gegen mich? Ich habe ja keinen innigeren Wunsch als den, daß ich an seine freie Gnade glauben kann.

Diese Frage wird vor allem dann unerträglich, wenn die innere Not sich zu Angst und Verzweiflung steigert. Warum ist Gott so schrecklich hart? Warum schlägt er so wuchtig zu? Die Antwort der Bibel lautet ganz einfach: Gott tötet! Es muß etwas sterben. Und Gott tötet es ohne Rücksicht darauf, ob wir das verstehen oder nicht. Er bittet auch uns Prediger keineswegs um die Erlaubnis zu töten.

Was muß denn sterben?

»Ich starb«, sagt der Apostel.

Das alte Ich muß in den Tod. Das Eigenleben soll zerbrochen und zerschlagen werden. Wohlgemerkt: alles Eigenleben, nicht etwa nur die Selbstsucht und der Eigensinn. Die natürlich auch. Das Selbstleben in seinem Verhältnis zu

Gott, das muß vor allen Dingen getötet werden. Das Vertrauen auf mein eigenes Urteil in geistlichen Dingen, mein eigener guter Wille, meine eigene Frömmigkeit und Sittlichkeit, dieses Selbstvertrauen, das sich Gott gegenüber immer behaupten will und dadurch zum eigentlichen Hindernis für meine Erlösung aus Gnaden allein wird. Dieses uns angeborene, zäh festsitzende Selbstvertrauen, das der tiefste Schade des gefallenen Menschen ist, zu zerstören, das ist das schwerste Stück Arbeit, das Gott zu unserer Rettung leisten muß.

Wenn wir sehen, wie Gott dieses Werk tut, dann können wir nichts anderes tun, als bewundernd, anbetend und dankbar vor ihm stehen. Das alte Eigenleben jagt er solange, bis es alle seine Kräfte aufgebraucht hat und erschöpft die Flucht aufgibt. Gott ruht nicht eher, als bis es vernichtet, tot zu seinen Füßen niedersinkt. Und dies tut er mit Hilfe des Gewissens, nachdem dieses durch sein Wort erleuchtet und durch die Erweckung neugeschaffen ist.

Diese Treibjagd vollzieht sich gewissermaßen in mehreren Etappen, wobei Gott durch das Gewissen das alte Ich mehr und mehr einkreist und es ihm immer schwerer macht zu entkommen.

Wollen wir diesen Vorgang näher beschreiben, so müssen wir noch einmal von dem reden, was bei der Erweckung geschieht, nur unter einem neuen Gesichtspunkt.

Ein Durchschnittsmensch, der wie die meisten Leute lebt, wird nicht bestreiten, daß er seine Fehler und Schwächen hat: Er ist nicht so fromm, wie er sein sollte, und auch in seinem sittlichen Verhalten ist nicht alles in Ordnung. Trotzdem, im großen und ganzen ist der alte Mensch mit sich selbst zufrieden. Zu gegebener Zeit wird er versuchen, sich zu bessern. Im Augenblick jedoch paßt es ihm gerade nicht, an seinen Lebensgewohnheiten groß etwas zu ändern.

Dann aber zerstört Gott diesen »Frieden«. Durch das Wort Gottes und durch das bei seiner Erweckung geschärfte Gewissen erkennt der Mensch auf einmal, daß er sich bekehren und ein ganz neues Leben anfangen muß. Damit ist aber sein Eigenleben noch nicht gebrochen.

Nun hat er eine Aufgabe, an deren Lösung er sich mit ganzem Ernst macht: er arbeitet an seiner Bekehrung. Hatte er bis dahin gedankenlos und leichtfertig gelebt, so wird das nun anders; denn er muß sich ja bekehren.

Aber nun zerstört Gott auch dies. Durch das Wort Gottes und sein erwecktes Gewissen erkennt er, daß Bekehrung etwas völlig anderes ist, als was er sich bisher darunter vorgestellt hatte. Er beginnt zu verstehen, daß Bekehrung Sinnesänderung ist. Aber auch damit ist der alte Mensch nicht totzukriegen.

Er fängt neu an. Er steigert seine Bemühungen. Tag für Tag bittet er Gott um einen neuen Sinn. Er sucht Umgang mit Gott, indem er in der Bibel liest und nachdenkt über Gottes Wort. Er hält sich zur Gemeinschaft der Heiligen.

Vor allem nimmt er den Kampf mit seinen Sünden auf. Wie ernst es ihm damit ist, beweist er dadurch, daß er nicht nur sündige Worte und Taten zu vermeiden sucht, sondern auch sündhafte Gedanken und Begierden sowie unreine Regungen seiner Phantasie. Es geht freilich nicht besonders gut. Aber der alte Mensch gibt die Hoffnung nicht auf. Es wird später besser gehen, wenn er mit der Zeit Übung bekommt in der Gottesfurcht und Heiligkeit.

Durch das Wort und sein empfindlich reagierendes Gewissen entdeckt der Erweckte, daß in seinem Verhältnis zu Gott nur eines fehlt: die Liebe. Merkwürdig: eben das bringt er nicht fertig, Gott zu *lieben*. Sonst hat er allerlei erstaunliche Leistungen aufzuweisen: Mit Ernst kann er zu Gott beten. Ehrfürchtig und andächtig kann er Gottes Wort hören oder lesen. Er kann der Sünde und Gottlosigkeit absagen. Er kann Gott dienen: Er kann Zeit, Kraft und Geld für ihn und sein Reich opfern. Er kann sogar um Jesu willen leiden.

Nur eins kann er nicht: Es gelingt ihm nicht, Gott zu lieben. Die Stimme seines Gewissens sagt leise, aber doch in Vollmacht: Du machst das alles ja gar nicht Gott zuliebe, sondern in deinem eigenen Interesse. Nach wie vor liebst du dich selbst über alle Dinge.

Aber nicht einmal damit ist dem alten Ich der Todesstoß versetzt.

Es findet einen neuen Ausweg und wundert sich nur, daß es auf den nicht schon früher gekommen ist. Das ist der Weg der *Reue*. Die Bibel weiß doch so ergreifend zu schildern, wie gern Gott den reuigen Sünder annimmt. Nun macht sich der Erweckte daran, seine Sünden zu bekennen und zu bereuen. Alle Prediger des Evangeliums betonen übereinstimmend, daß der einzige Weg zur Seligkeit der ist: Man kommt zu Gott als reuiger Sünder und empfängt die Vergebung um Jesu Christi willen. Aber Gott zerschlägt ihm auch dies.

Durch Gottes Wort und das geschärfte Gewissen wird dem Erweckten klar, daß seine Reue genau so selbstsüchtigen Motiven entspringt wie alles andere, was er bisher unternommen hat. Gewiß sind ihm seine Sünden leid. Aber nicht das bereitet ihm Schmerz, daß er gegen Gott gesündigt und Gottes Vaterherz betrübt hat. Nein, er ist wie jeder andere Egoist nur traurig über die nachteiligen Folgen der Sünde. Im übrigen ist sein Herz eiskalt und hart wie Stein. Er merkt zwar, wie er Tag für Tag gegen Gottes Willen handelt, aber das rührt ihn nicht weiter. Somit ist auch sein altes Ich nicht gebrochen.

Noch hat er einen letzten Ausweg, und es ist mehr als merkwürdig, daß er ihn nicht vorher gesehen hat. Das ist der Weg des Glaubens. Das ganze Neue Testament ist doch voll von der Botschaft, daß im Neuen Bund der Sünder durch den Glauben selig wird, allein durch den Glauben.

Alle christlichen Prediger legen dies Evangelium aus, und es wird ganz klar: nur glauben! Die Sache ist doch ganz einfach: Glaube »nur«!

Der Erweckte gibt sich alle erdenkliche Mühe zu glauben. Und nun, denkt er, wird's erst richtig mit mir werden, denn man braucht ja »nur« zu glauben. Nichts weiter. Aber nun versperrt Gott auch diesen Weg. Es zeigt sich nämlich dem wachgewordenen Gewissen, daß es gar nicht so leicht ist zu glauben. Jeder ehrlich Suchende merkt das. »Nur« glauben! Darin steckt mehr als dieses *nur*, sagt der redlich Suchende.

Schließlich ist er soweit, daß er erkennt: eigentlich gibt es nichts, was schwerer ist als Glauben. Selbstverständlich kann er ohne Schwierigkeit glauben, was die Heilige Schrift über die Gnade Gottes, über das an unserer Statt vollbrachte Erlösungswerk Christi oder über die Rechtfertigung des Sünders allein durch den Glauben sagt. Aber unmöglich kann er glauben, daß dies alles ihm persönlich gelten soll. Nicht, daß er größere oder mehr Sünden begangen hätte als andere Leute – aber kann denn Gott einem Sünder verzeihen, der nicht bereut, sondern im Gegenteil heimlich an der Sünde festhält und sie gar nicht haßt?

Sieh, jetzt ist es geschehen. Gott hat das alte Ich getötet. Es ist völlig erschöpft, ausgebrannt. Es hat alles versucht, um diesem Schicksal zu entgehen, alles, was es von anderen gehört hat und worauf es selbst gekommen ist. Immer wieder hat es gehofft, daß es sich noch würde retten können. Aber nun sieht es keinen Ausweg mehr und nicht eine einzige Möglichkeit, errettet zu werden.

Diesen Zustand nennt Kierkegaard die »absolute Selbstbesorgnis«. Dieser Mensch hat völlig jedes Selbstvertrauen verloren. Und deshalb meint er, er sei ewig verloren. Er hat bis dahin immer auf sich selber vertraut, nur auf sich selbst. Und wenn er sich jetzt gezwungen sieht – als Ergebnis eines erweckten Gewissens –, die Hoffnung auf sich selbst aufzugeben, meint er im Ernst, es gäbe für ihn überhaupt keine Rettung mehr. Kann er sich auf eine der genannten Methoden nicht selbst retten, dann gibt es überhaupt nichts, was ihn retten könnte.

Die Heilige Schrift bezeugt, Gottes Absicht mit den Geboten sei gewesen, daß »die Sünde überaus sündig würde«, Röm. 7, 13. Alles, was das Gesetz ausspricht, dient dazu, daß einem jeden der Mund gestopft würde und alle Welt vor Gott schuldig sei. Soweit ist dieser Sünder nun gekommen, ohne daß er es selber weiß. Er meint, das Ganze sei mißlungen.

Erweckung und Bekehrung, die sich erst so gut anließen, sind nach seinem Eindruck völlig fehlgeschlagen. Die Katastrophe scheint so vollständig, daß weder er selbst noch Gott die Sache zu einem guten Ende bringen kann.

Nun aber hat Gott sein Ziel, das er sich mit diesem »Töten« gesetzt hatte, erreicht – durch diesen qualvollen, furchtbaren Prozeß des In-den-Tod-Gebens. Was wollte Gott damit? Paulus drückt das einmal so aus: »Somit ist das Gesetz unser Erzieher für Christus geworden«, Gal. 3, 24. Jetzt ist dieser Mensch »erzogen«, zu Christus zu kommen und zwar durch ein Gewissen, das neu geschaffen ist durch das Wort und durch die Erweckung.

Der Sünder selbst jedoch begreift das nicht. Er meint, er sei noch nie so fern von Christus gewesen wie eben jetzt. Doch sein tägliches Leben liefert den besten Beweis dafür, daß er hierin irrt. All sein Verlangen und alle seine Gedanken sind auf nichts anderes gerichtet als auf Christus und sein Kreuz. Das gilt selbst dann noch, wenn er meint, er sei von Gott verworfen und daher rettungslos verloren.

Betrachten wir die Situation näher, in welcher sich der Suchende jetzt befindet. Durch sein Wort und das erweckte Gewissen hat Gott dem Sünder zu wahrer Selbsterkenntnis verholfen. Und diese Wahrheit glaubt der Sünder jetzt in ihrem ganzen Umfang.

Zugleich aber hat Gott durch sein Wort und das geschärfte Gewissen ihm die Wahrheit des Evangeliums, die Wahrheit vom vollbrachten Werk Christi und von alledem, .vas Gott in seiner Gnade zum Heil des Sünders unternommen hat, offenbart. Und alles das glaubt der Sünder jetzt.

Ohne sich selbst darüber klar zu sein, hat er nun zu einem festen Glauben an Gottes Liebe und Gnade gefunden, der ebenso rührend wie eindrucksvoll ist. Schwierig ist nur, daß dieser Glaube ihm keine Ruhe und keinen Frieden gibt. Er ist zu Christus »erzogen«, und nirgendwo sonst kann er sein als am Kreuz Christi. Aber auch hier findet er nicht Ruhe. Er glaubt an Christus, und er zweifelt an sich selbst. Beides tut er so gründlich, daß es ihm ganz unmöglich scheint zu glauben, Anteil am Heil zu bekommen. Er glaubt an Gottes Gnade, an Christi vollbrachtes Versöhnungswerk, an seine Bereitschaft, Sündern zu vergeben. Aber nichts von alledem wagt er für sich in Anspruch zu nehmen.

Es gibt zwei Gründe für dieses Verhalten, die aber eigentlich nur einer sind: Der Sünder hat nicht richtig erfaßt, was Gott ihm durch das alles sagen wollte, nämlich: Dein altes Leben und dein altes Ich war so durch und durch verdorben, daß du es weder verändern noch verbessern kannst. Nachdem ich dir das klargemacht habe, bleibt für dich nur eines zu tun: nämlich zu gestehen, daß du so bist und daß du dein altes seelisches Leben aus eigenen Kräften nicht bessern kannst. Du brauchst dich nur mit deinem unheilbar kranken Ich vor dem Kreuz Christi niederzuwerfen. Dann erhältst du Vergebung dafür, daß du durch und durch böse bist. Und dann schaffe ich in dir neues Leben.

Aber eben dies ehrlich einzugestehen ist für den Suchenden so schwierig. Er meint ganz instinktiv, daß er *durch das Gewissen* umgewandelt werden muß, daß sein Gewissen die Veränderung bewirken muß auf religiösem wie auf sittlichem Gebiet. Daher ist er so verzweifelt, wenn ihm aufgeht, daß er völlig außerstande ist, eine solche Sinnesänderung zu vollziehen.

Zweitens fällt es dem Erweckten schwer zu erfassen, was Gottes Wort über die Vergebung sagt. Daß Gott Sünden vergibt, ist leicht zu glauben. Erst bei der Frage, wie er es tut, setzen die Schwierigkeiten ein.

Es ist leicht einzusehen, daß Christi Sühnetod am Kreuz der Grund unserer Vergebung ist. Die Schwierigkeit aber besteht darin, daß uns die Vergebung der Sünden *allein* um Jesu willen zuteil wird. Und eben hier wird das Gewissen unruhig: Kann Gott um Jesu willen einem Menschen vergeben, der von seinen alten Sünden nicht loskommt? Es steht doch geschrieben: »Bekehrt euch und glaubt an das Evangelium!«, Mark. 1, 15. Hat ein Mensch das Recht, an das Evangelium zu glauben, solange es mit der Bekehrung nicht gelingen will, solange er von seinen Sünden nicht bekehrt ist? Und weiter: Kann Gott um Jesu willen einem Menschen vergeben, dessen Herz an der Sünde hängt? Gelten die Verheißungen der Schrift nicht nur solchen, die ihr Herz ungeteilt dem Herrn hingeben?

Kann Gott um Jesu willen einem Menschen vergeben, der seine Schuld nicht bereut? Wäre das nicht eine unmoralische Sündenvergebung? Und endlich: Kann Gott um Jesu willen einem Sünder vergeben, der nicht glaubt, sondern nur zweifelt und fürchtet? Es steht doch geschrieben: »Ohne Glauben ist's unmöglich, Gott zu gefallen«, Hebr. 11, 6.

Dies sind die Schwierigkeiten, denen der Suchende in seinem Glauben an die Vergebung begegnet. Das ist eine alte Geschichte. Schon Paulus schildert das, wenn er von Gesetzesgerechtigkeit und Glaubensgerechtigkeit redet, von der Rettung durch des Gesetzes Werke und der Rettung allein aus Glauben.

Der alte Mensch sucht auf dem Weg des Gesetzes selig zu werden. Von Natur sind wir alle überzeugt, Gott könne uns nicht lieben und unsre Sünden vergeben, wenn er nicht irgend etwas *Gutes* in uns findet. Anfangs glauben wir alle, es *ist* etwas Gutes in uns. Und so meinen wir, Gott werde uns vergeben, wenn er dies sieht. Nachher geht uns auf, daß dies nicht so ist. Dann bemühen wir uns, gut zu *werden*. Wir versuchen, unser Leben und unsere Gesinnung zu bessern. Wenn Gott das sieht, dann wird er uns, so meinen wir, gnädig sein.

Später erkennen wir, daß in uns nichts Gutes ist, und daß wir an diesem betrüblichen Zustand nichts ändern können. Aber dann glauben wir, daß Gott in uns Gutes *wirken* muß: einen neuen Sinn, wahre Reue, Kraft zum Sieg über die Sünde usw. Und wenn Gott das sieht, glauben wir, wird er uns die Sünden vergeben und uns zu seinen Kindern machen.

Das Gewissen und die Gnade

»Wenn uns unser Herz verdammt, so ist Gott größer als unser Herz und erkennt alle Dinge.« (1. Joh. 3, 20)

Der alte Mensch mißversteht Gottes Heil auf doppelte Weise: Zunächst glaubt er, daß das Gesetz die rettende Botschaft sei. Mit Hilfe des Gewissens mache die Gesetzeserfüllung den Menschen vor Gott angenehm. Wenn er überzeugt worden ist, daß es so nicht geht, meint er, durch sein Gewissen erhalte er wenigstens Kenntnis von Gottes wunderbarem Heil. Beide Auffassungen weichen grundsätzlich vom Heilsweg der Schrift ab und sind ein Zeugnis unseres Selbstvertrauens und davon, wie wir dieses Selbstvertrauen gegen Gott wenden.

Aus sich selbst wußte der Mensch nichts von der Erlösung, auch nicht in seinem Gewissen. Nicht einmal in einem Gewissen, das durch eine geistliche Erweckung geschärft worden ist, weiß der Mensch etwas vom Heil Gottes. Dieses ist vielmehr nach der Schrift ein Geheimnis, ein Geheimnis Gottes.

»Dafür halte uns jedermann: für Christi Diener und Haushalter über Gottes *Geheimnisse*«, 1. Kor. 4, 1.

»Gott hat uns wissen lassen das *Geheimnis* seines Willens nach seinem Ratschluß, den er sich vorgesetzt hatte«, Eph. 1, 9.

»Daran könnt ihr . . . mein Verständnis des *Geheimnisses* Christi merken«, Eph. 3, 4.

»Betet für mich, auf daß mir gegeben werde das Wort mit freudigem Auftun meines Mundes, daß ich möge kundmachen das *Geheimnis* des Evangeliums«, Eph. 6, 19.

Dieses Geheimnis erfahren wir Menschen nur, wenn Gott es uns *offenbart:* »Gott kann euch stärken laut meines Evangeliums und der Predigt von Jesus Christus, durch welche das Geheimnis offenbart ist, das von Anbeginn verschwiegen war, nun aber offenbart ist, auch kundgemacht durch der Propheten Schriften nach Befehl des ewigen Gottes, den Gehorsam des Glaubens aufzurichten«, Röm. 16, 25 f.

Was ist der Inhalt dieses Gottesgeheimnisses von unsrer Erlösung? Die kürzeste Antwort auf diese Frage gibt sicher der Apostel Paulus mit dem Wort Röm. 3, 21: »Nun ist die Gerechtigkeit, die vor Gott gilt, offenbart, bezeugt durch das Gesetz und die Propheten. Ich rede aber von solcher Gerechtigkeit vor Gott, die da kommt durch den Glauben an Jesus Christus zu allen, die da glauben.«

Das Geheimnisvollste an diesem Geheimnis wird so beschrieben: »Dem, der nicht mit Werken umgeht, glaubt aber an den, der die Gottlosen gerecht macht, dem wird sein Glaube gerechnet zur Gerechtigkeit«, Röm. 4, 5. Hier offenbart Gott das Geheimnis, daß er den gerecht spricht, dem vergibt, der keine Werke vorzuweisen hat, mit anderen Worten dem, der nicht im Stande ist, das zu tun, was das Gesetz durch das wachgewordene Gewissen von ihm verlangt. Dem »Gottlosen« heißt es, um ausdrücklich jedes Mißverständnis auszuschließen. Und hält sich der Erweckte nicht im tiefsten Sinne des Wortes für gottlos!?

Vom Gottlosen spricht Gott, um auf das Geheimnis hinzuweisen, daß er uns liebt und unsere Sünden vergibt, ohne daß in uns nur der geringste Anlaß dazu vorhanden wäre.

Aber das Gewissen protestiert doch und verklagt weiter. Und zwar mit Recht. Dazu ist es ja da. Gott selbst hat es als öffentlichen Ankläger eingesetzt. Es soll alles ans Licht bringen, was der Sünder Strafbares begangen hat.

Aber in Gnadensachen darf der Staatsanwalt sich nicht einmischen. Darin besteht das Heil, daß Gott den Schuldigen, den zum Tode Verurteilten, begnadigt. Der biblische Ausdruck »rechtfertigen« besagt soviel wie »begnadigen«, einen Schuldigen von Strafe freisprechen.

Dieses Geheimnis des Evangeliums hat Paul Gerhardt herrliche Lobgesänge in den Mund gelegt. So singt er:

> Der Grund, da ich mich gründe,
> ist Christus und sein Blut;
> das machet, daß ich finde
> das ewge, wahre Gut.
> An mir und meinem Leben
> ist nichts auf dieser Erd;
> was Christus mir gegeben,
> das ist der Liebe wert.
>
> Nichts, nichts kann mich verdammen,
> nichts nimmt mir meinen Mut;
> die Höll und ihre Flammen
> löscht meines Heilands Blut.
> Kein Urteil mich erschrecket,
> kein Unheil mich betrübt,
> weil mich mit Flügeln decket
> mein Heiland, der mich liebt.

Aber das Gewissen gibt sich mit dieser Auskunft noch nicht zufrieden. Ist das nicht ungerecht? wendet es ein. Haben sich nicht die alten Propheten in Gottes Namen darüber ereifert, daß Israels Richter Schuldige freisprachen und Unschuldige bestraften?

Wir sind kühn. Wir erlauben uns, Gottes Gerechtigkeit in Frage zu stellen. Welches Recht haben wir dazu? Wir tun ja geradeso, als wüßten wir besser, was recht ist, als der heilige und gerechte Gott. Nein, was Gott tut, ist recht! Und mit dieser Tatsache sollten wir uns zufriedengeben.

Aber der große Gott ist so gnädig, daß er den Versuch unternimmt, uns zu erklären, inwiefern er nicht ungerecht ist, wenn er den Gottlosen freispricht. Zur Urteilsbegründung führt er aus: »Gott hat Jesus Christus für den Glauben hingestellt in seinem Blut als Sühnopfer, damit Gott erweise seine Gerechtigkeit. Denn er hat die Sünden vergangener Zeiten getragen in göttlicher Geduld, um nun zu diesen Zeiten seine Gerechtigkeit zu erweisen, auf daß er allein gerecht sei und gerecht mache den, der da ist des Glaubens an Jesus«, Röm. 3, 25 f.

Hier ist ausdrücklich erklärt, wieso Gott gerecht sein kann, obwohl er den Gottlosen für gerecht erklärt. Die gerechte Strafe für unsere Sünden hat Gott selbst auf sich genommen, indem er in seinem Sohn Mensch wurde und an unserer Statt die Sündenschuld und Strafe auf sich lud: »Er hat den, der von keiner Sünde wußte, für uns zur Sünde gemacht, auf daß wir würden in ihm die Gerechtigkeit, die vor Gott gilt«, 2. Kor. 5, 21. »Er ist um unserer Missetat willen verwundet und um unserer Sünde willen zerschlagen. Die Strafe liegt auf ihm, auf daß wir Frieden hätten, und durch seine Wunden sind wir geheilt«, Jes. 53, 5.

Hier ist der Grund, der einzige Grund, warum Gott uns lieb hat und uns vergibt. In uns gibt es keinen Grund dafür. Wir brauchen auch nicht nach einem zu suchen; denn Jesus ist als unser Stellvertreter für uns eingetreten. Hat Gottes eingeborener Sohn sich meiner Sache angenommen, so kann ich ganz beruhigt sein, sagt er doch: »Meine Gnade genügt dir«, 2. Kor. 12, 9.

Sollte nun einer meiner Leser sagen: »Gott hat zwar das Geheimnis der Versöhnung erklärt, aber ich verstehe es trotzdem nicht«, so kann ich nur erwidern: »Ich auch nicht.« Darum wollen wir beide Gott auf den Knien danken, daß er von uns nicht verlangt, wir sollen ihn oder das Geheimnis der Erlösung *verstehen*. Er hat uns immer wieder nur gebeten, wir möchten an ihn *glauben*. Die meisten unter uns sind sicher nicht in der Lage, den Sonnenschein zu erklären. Das ist auch gar nicht nötig. Er fällt auf uns, wenn wir uns seinen Strahlen nur aussetzen.

Als Beispiel führe ich die Israeliten in der Wüste an, die von Schlangen gebissen waren. Wieder einmal war das Volk

Gottes ungehorsam gewesen und hatte gemurrt. – Wenn wir so etwas lesen, finden wir das ganz unerhört. Wir sollten aber mit unserm Urteil vorsichtig sein. Wir finden alle Schuld Israels genau aufgeschrieben. Stellen wir uns einmal vor, daß wir über unser tägliches Leben einen gleich genauen Bericht läsen. Was würde da alles stehen über Ungehorsam und Widerstand gegen Gott! – Nun, die Israeliten waren wieder einmal ungehorsam gewesen, und diesmal wurden sie vom Herrn streng bestraft. Er ließ Giftschlangen in ihr Lager eindringen. An deren Bissen starben die Leute wie die Fliegen. Da betete das reumütige Volk zu Gott. Er half ihnen auch diesmal aus der Not, und zwar auf eigenartige Weise. Nicht nur von den Schlangenbissen, sondern auch vom Unglauben wollte er die Israeliten kurieren. Er wollte sie im Glauben üben. Daher ließ Gott durch Mose eine eherne Schlange mitten im Lager an einer Stange aufrichten und ließ bekanntmachen, die Gebissenen brauchten nur zu der ehernen Schlange aufzuschauen, dann würden sie im Augenblick wieder gesunden. Haben die Israeliten verstanden, wie das zuging? Sicherlich nicht. Daher gab es wohl auch eine ganze Menge, die zweifelten und umkamen.

Alle aber, welche die eherne Schlange ansahen, wurden gerettet. Sie hielten sich an Gottes Wort. Ihre Notlage brachte sie dazu, auf Gottes Verheißung zu trauen, und sie machten die Erfahrung, daß Gottes Wort nicht trügt.

Jesus sagt: »Wie Mose in der Wüste die Schlange erhöht hat, so muß des Menschen Sohn erhöht werden, auf daß alle, die an ihn glauben, das ewige Leben haben«, Joh. 3, 14–15.

Wie die Israeliten in der Wüste, so sind auch wir dem Tode geweiht. Das Gift der Schlange ist in Leib und Seele tief eingedrungen. Aber ein Blick auf das Kreuz ist genug, um den zum Tode verurteilten Sünder zu retten. Kann das jemand verstehen? Nein! Daher gibt es viele, die daran zweifeln und dies bestreiten.

Aber diejenigen, die Gottes Lamm anschauen, das der Welt Sünde trägt, bleiben am Leben. Alle. Und zwar augenblicklich. Auch alle Geängstigten, von Not und Zweifel Gepeinigten, die befürchten, daß das Gift noch immer in ihnen wirksam ist: Sie sind gerettet, obwohl sie es noch gar nicht wissen!

Die Erlösung beruht ja nicht darauf, daß wir *wissen*, wir sind erlöst! Auch nicht darauf, daß wir es begreifen, sondern allein darauf, daß wir in unserer Not auf das Lamm Gottes *schauen*.

Das Schlangengift hat mich ganz durchdrungen. Aber es besteht keine Lebensgefahr, denn jeder, der glaubt, hat in Ihm ewiges Leben – mein Heil liegt allein in meinem Heiland. Dieses Heil kann er mir nur nicht zueignen, ehe ich erkannt habe, daß ich tödlich gebissen bin. Zu dieser Erkenntnis verhalf mir das Gesetz – und mein neugeschaffenes Gewissen.

Der Glaube und das Gewissen

»So lasset uns hinzugehen mit wahrhaftigem Herzen in völligem Glauben, besprengt in unsern Herzen und los von dem bösen Gewissen.«   (Hebr. 10, 22)

»Mit dem Herzen glaubt man«, sagt der Apostel Paulus Röm. 10, 10 (Menge).

Wir haben gesehen, daß »Herz« im Alten wie im Neuen Testament manchmal »Gewissen« bedeutet. Ob das auch hier der Fall ist, läßt sich nicht sicher sagen. Aber das ist in diesem Fall auch unerheblich. Denn selbst wenn Paulus »Herz« hier im üblichen biblischen Wortverständnis als das geistliche Zentrum des Menschen versteht, ist doch klar, daß es das Gewissen einschließt, da dies ja das Zentrum des Herzens ist. Denn das Gewissen ist ja nicht nur jenes dem Menschen eigentümliche Selbst-Bewußtsein, sondern zugleich das Bewußtsein des Selbst in seiner Beziehung zu Gott. Mit anderen Worten: Im Gewissen sind Selbstbewußtsein und Gottesbewußtsein des Menschen miteinander verbunden.

Anstatt zu sagen: »Mit dem Herzen glaubt man«, kann man das Wort des Apostels demnach auch so wiedergeben: »Mit dem Gewissen glaubt man.«

Dies trifft nicht allein für den christlichen Gottesglauben zu, sondern auch für den Glauben des Nichtchristen. Es gibt überhaupt keinen Glauben eines Menschen an Gott, der nicht unmittelbar der Gewissensüberzeugung entspringt.

Kenntnis von Gott, *Verlangen* nach Gott, Gottes*bewußtsein*, eine *Gottesidee* kann der Mensch haben, ohne daß sein Gewissen davon berührt wird.

Aber als *Glauben* an Gott bezeichnen wir das Gottesbewußtsein nur dann, wenn es die führende Rolle im Leben des inwendigen Menschen spielt und für den Willen bestimmend ist.

Daher leuchtet es ein, daß wir den Glauben als Frucht des Gewissens betrachten können. Denn das Gewissen allein räumt dem Gottesbewußtsein den maßgebenden Platz im Personleben ein und gibt ihm durch den kategorischen Imperativ Macht über den Willen des Menschen.

Demnach können wir sagen: Der Gottesglaube des Nichtchristen besteht darin, daß er sich mit seinem Willen dem Wissen um Gott und dessen Willen beugt, wie diese ihm im Gewissen zum Bewußtsein gekommen sind.

Wenden wir uns jetzt dem christlichen Gottesglauben zu, so wird deutlich, daß dieser als eine Frucht der Neuschaffung des Gewissens zu betrachten ist, die das Wunder der Erweckung bei dem Erweckten bewirkt.

Durch das Wort und das neugeschaffene Gewissen tut Gott dem Sünder seinen Willen kund. Der Sünder steht damit vor der Entscheidung, ob er sich dem kategorischen und absoluten Urteil seines Gewissens beugen will, oder ob er sich – in Abwehr oder Heuchelei – ihm zu entziehen sucht.

Wählt er die Unterwerfung, so ist sein Glaube geboren. Diese Wahl ist der erste Akt des Glaubens. Die Tatsache, daß er dem Gesetz glaubt, obwohl es ihm durch sein Gewissen das Todesurteil verkündet, kann allein von der anderen Tatsache abgeleitet werden, daß er fühlt: dieses Urteil kommt von Gott. Hätte er nicht gefühlt, daß das Urteil von Gott kommt, hätte er es niemals akzeptiert. Denn vom Standpunkt seines Intellekts aus leuchtete es ihm keineswegs ein.

Wer demnach durch sein erwecktes Gewissen an das Gesetz Gottes glaubt, glaubt auch an Gott. Er glaubt, daß Gott es ist, der zu ihm spricht. Das müssen wir beachten. Glauben haben beruht auf dem Fürwahrhalten, daß Gott es ist, der spricht, nicht darauf, daß, was er spricht, einleuchtend oder logisch wäre.

Der Glaube hängt also wesentlich mit dem Gewissen zusammen. Ihm entspringt er und nicht dem Denken. Das Denken kann uns nämlich nur von dem überzeugen, was dem Verstande einleuchtet und was logisch ist. Beim Denken kommt alles auf die *Beweisgründe* an.

Das Gewissen hingegen begründet sein Urteil niemals, wie wir gesehen haben. Es spricht es nur aus: kategorisch, absolut und unwiderruflich. Es konfrontiert uns mit Gottes Willen, der keiner anderen Begründung bedarf als der, daß er Gottes Wille ist. Und eben dies ist es, wovon uns das Gewissen überzeugt.

Sobald der Erweckte dem Gesetz Gottes glaubt, das Todesurteil Gottes angenommen hat, ist er in das rechte Glaubensverhältnis zu Gott getreten, in jenes Verhältnis, das seinen einfachsten und zugleich tiefsten Ausdruck in dem Wort findet, das der junge Samuel von dem alten Priester Eli lernte: »Rede, Herr, dein Knecht hört«, 1. Sam. 3, 9.

Nun kann Gott beginnen, ihm das Evangelium zu sagen. Hat der Erweckte erst an Gottes paradoxes Gesetz geglaubt, dann ist er jetzt imstande, auch an Gottes paradoxe Gnade zu glauben. Wird das Evangelium dem Erweckten gepredigt, der durch den Glauben an Gottes Gesetz neue Ohren erhalten hat, beginnt der Glaube an Gottes Gnade in ihm zu wachsen. Daher zeigt es sich, daß Zweifler und Gottesleugner, die das Evangelium wegen mancher Anstöße für das menschliche Denken abgelehnt hatten, eigentlich keine größeren intellektuellen Glaubenshindernisse mehr kennen, nachdem sie sich auf Grund der sittlichen Forderungen des Christentums zum Tode verurteilen ließen.

Sind diese Leute mit ihren Denkschwierigkeiten wirklich fertiggeworden? Keineswegs. Aber durch ihr neugeschaffenes Gewissen sind sie in das rechte Verhältnis zu Gott gekommen, wo sie nichts anderes mehr nötig haben als: Gott sprechen hören. Dann beugen sie sich in freiem Entschluß aus innerer Überzeugung.

Mit Kindeseinfalt glaubt er nun alles, was die Heilige Schrift sagt von dem gnädigen Gott und Vater, von seiner unbegreiflichen Liebe zum Sünder, von seiner Menschwerdung, seinem Leiden und Sterben für die Sünden der Welt, von der Rechtfertigung durch den Glauben, von Gebet und Gebetserhörung, von Gottes gnädiger Führung im Leben des Einzelnen und der Völker, vom ewigen Leben und der ewigen Verdammnis.

Nur fällt es ihm – wenigstens in der ersten Zeit – noch recht schwer, das alles auf sich zu beziehen.

Er zweifelt nicht im Geringsten an der Bibel oder gar an Gott. Nein, er zweifelt nur an sich selbst. Er zweifelt so vollständig an sich selbst, und sein Selbstvertrauen hat ihn so im Stich gelassen, daß es ihm unmöglich ist, an Gottes gnädiges Heil für sich selbst zu glauben.

Aus Demut und Ehrerbietung vor Gott wagt er nicht, an die Vergebung seiner Sünden zu glauben. Es ist ihm unfaßbar, daß der gerechte Gott einem Sünder vergibt, der, wie der Erweckte meint, weder seine Sünden aufrichtig bereut noch sich von ihnen völlig abwendet.

Manche beurteilen solche Haltung als Unglauben. Das ist nicht richtig. Es ist zwar noch kein voller Heilsglaube, aber Unglaube ist es bestimmt nicht. Eines der Hauptkennzeichen des Unglaubens, der Widerstand gegen Gott, fehlt. Der Sünder gibt Gott recht. Ja, er meint sogar, daß Gott recht tut, wenn er ihn nicht annehmen, ihm nicht vergeben kann.

Zum anderen: ein solcher Sünder flieht auch nicht vor Gott. Das wäre aber nur natürlich, da er sich doch für so sündig hält, daß er meint, Gott könne ihm nicht gnädig sein. Wäre er ungläubig, so würde er sich nun in Trotz oder Gleichgültigkeit von Gott abwenden. Aber statt dessen kreist sein ganzes Sein Tag und Nacht um Gott: Mit seinem Verlangen, seinen Gedanken, seinem Flehen, sogar mit seinen Sünden.

Was ist das anders als Glaube?

Fast möchte man sagen: Kann es größeren Glauben geben als diesen Glauben am Rande der Verzweiflung, wo der Mensch in seinem Dunkel keinen Lichtschimmer sieht und trotzdem keinen Anstoß an Gott nimmt, sondern glaubt, daß Gott vollkommen im Recht ist mit allem, was er tut?

Manche meinen trotz allem, dem Glauben dieses Suchenden mangele etwas, er mache einen Fehler. Er solle es glauben, wenn Gott sagt: »Ich mache den Gottlosen gerecht.« Daran ist etwas Wahres. Trotzdem stimmt das Urteil als Ganzes nicht. Ich würde sagen, beim Suchenden ist der Glaube unfertig, aber nicht falsch.

Der Glaube ist nämlich eine komplexe Erscheinung. Er hat mehr Seiten, als man gemeinhin annimmt.

In der Heiligen Schrift wird der Glaube im Gegensatz zu den Werken gesehen. Wir aber werden versucht, ihn beinahe zu einem Werk zu machen. Das liegt an unserer verkehrten Art. Der Glaube ist für uns eine Gabe Gottes und kein verdienstvolles Werk, das uns angerechnet werden könnte. Und doch machen wir den Glauben zuletzt wieder zu einem Tun des Sünders, das ihn vor dem Verderben rettet, nachdem er vergeblich versucht hat, auf anderen Wegen dem Zorn Gottes zu entrinnen.

An dieser Meinung ist selbstverständlich auch etwas Wahres. Aber das Ganze ist verkehrt, solange wir nicht eine andere Seite des Glaubens berücksichtigen, eine, von der die Heilige Schrift redet. Am deutlichsten ist diese in Jesu Wort Mark. 10, 15 ausgedrückt: »Wer das Reich Gottes nicht empfängt wie ein Kind, der wird nicht hineinkommen.«

Wie »empfängt« ein kleines Kind das Reich Gottes? Hier stoßen wir auf eins der tiefsten Geheimnisse des Evangeliums. Das Kleine tut nichts dazu. Es kann ja überhaupt noch nichts tun. Es kann weder beten, noch die Bibel lesen, noch bereuen, oder sich von der Erbsünde lossagen. Aber es leistet auch keinen Widerstand. Es hindert Gott nicht, sondern es läßt sich willig von ihm retten. Darum wird es auch erlöst.

Gott *will* alle Menschen selig machen, darum rettet er alle, die sich nicht dagegen sträuben. Der Säugling gehört nicht nur zu den gefallenen Adamskindern, sondern auch zu dem Geschlecht, das den zweiten Adam erhalten hat, den Stellvertreter, der für die Sünden der ganzen Menschheit genuggetan hat.

Der Neue Bund besteht darin, daß Gott sich verpflichtet hat, allen Gliedern des neuen Geschlechts an der Erlösung Anteil zu geben. Dies tut er aus eigener Initiative. Er wartet nicht erst, bis der Sünder ihn ausdrücklich darum bittet. Wenn der Sünder anfängt, um Vergebung zu bitten, hat Gott längst das Entscheidende zu seiner Erlösung getan.

Jesus sagt, wir Erwachsenen müssen das Reich Gottes empfangen wie die Kinder; und weiter sagt er, daß wir *umkehren* müssen, um zu werden wie sie, Matth. 18, 3. Damit ist uns gesagt, was Umkehr und damit auch Glaube für unsere Erlösung eigentlich bedeuten: Durch Umkehr und Glauben werden wir, was das Kind bereits ist: Menschen, die Gott nicht widerstehen. Darum ist es gerettet; denn sein Heil liegt allein in Gott.

Nun sind wir bei dem geheimnisvollsten Wesen des Glaubens. Glauben heißt nicht: Ich rette meine Seele, indem ich Christus ergreife oder mir die Gnade zu eigen mache. Täte ich dies, so empfinge ich Gottes Reich nicht wie ein kleines Kind. Nein, glauben heißt: Ich sehe nicht nur ein, daß ich hilflos bin wie ein kleines Kind, sondern ich gebe es auch zu. Damit erst bin ich in der rechten Kindesstellung und setze dem Rettungswerk Gottes keinen Widerstand mehr entgegen.

Solange ich in meiner verkehrten Art meine, daß ich bei der Erlösung mitwirken und meinem Erlöser helfen kann, sei es durch meine Umkehr, meine Reue oder meinen Glauben, solange widerstrebe ich der Erlösungstat Gottes, bewußt oder unbewußt. Darum ist Gottes planvolles Handeln darauf gerichtet, mich zu *töten*, d. h. mich zu bewegen, auf jeden Widerstand zu verzichten. Er will mich zu dem Eingeständnis bringen, daß ich nichts anderes tun kann, als Gott zu widerstehen. Gestehe ich dies ein, so hat Gott freie Hand, sein ganzes Erlösungswerk zu tun an mir genau wie am Kleinkind.

Von diesem biblischen Glaubensbegriff her wird uns nun der merkwürdige, in sich widersprüchliche Seelenzustand des suchenden Menschen verständlich: Er glaubt wohl an Gottes Gnade, aber er wagt nicht, sich zu den begnadigten Gotteskindern zu rechnen, weil sein neugeschaffenes Gewissen dagegen Einspruch erhebt.

Seht Gottes beispielloses Wunder! Er hat hier Glauben gewirkt, und zwar auf eine meisterhafte Weise, nämlich so, daß der Glaube dem alten Ich den *Tod* gebracht hat und nicht die *Rettung*.

Dieser Seelenzustand des suchenden Menschen, den wir mit einem paradoxen Ausdruck als »Glaubensverzweiflung« bezeichnen können, ist also keine Fehlentwicklung, sondern eine notwendige Entwicklungsstufe für einen reifen und voll entfalteten Glauben, für das, was wir die »Gewißheit des Glaubens« nennen.

Und nun wollen wir kurz untersuchen, wie das Gewissen sich zur Gewißheit verhält. Nicht wenige sind der Ansicht, bei einem erweckten und bußfertigen Sünder könne man erst dann von Gewißheit reden, wenn er zur vollen geistlichen Freiheit gelangt ist und im vollbrachten Werk Jesu Frieden gefunden hat. Aber das stimmt mit der praktischen Erfahrung nicht überein.

Wir wissen, einige Erweckte gelangen sehr rasch zu Freude und innerem Frieden, wenn sie diese auch nach einiger Zeit wieder verlieren und sie die gleichen Nöte und

Kämpfe durchmachen müssen wie die anderen Erweckten. Wir wissen, daß diejenigen, die zuerst in ein inneres Ringen und mancherlei Gewissensnöte hinein müssen, durchaus nicht dauernd im Finstern tappen. Zuweilen sind auch sie fröhlich und ihres Heils gewiß. Solche Zeiten währen allerdings meist nicht lange, und danach kann es für sie noch finsterer werden als zuvor.

Wie kam solche Gewißheit von kurzer Dauer bei ihnen zustande? Meiner Meinung nach ist diese Frage am klarsten mit einem Worte des Apostels Johannes zu beantworten: »Wir werden unsere Herzen vor ihm zu der beruhigenden Gewißheit bringen«, 1. Joh. 3, 19 (Menge).

Wir erwähnten schon, daß der Ausdruck »Herz« hier sicherlich so viel wie »Gewissen« bedeutet. Die Gewißheit beruht also darauf, daß unser Gewissen vor Gott zufriedengestellt wird. Wann wird unser Gewissen solcherart zufrieden? Nur wenn es ungehindert sprechen kann und wenn es uns dazu bringen kann, seinen Befehlen zu folgen. Und das gleiche geschieht in den kurzen Zeiten der Gewißheit, die der Erweckte erlebt. Das Gewissen kann wie früher ungehindert von seinen Sünden sprechen. Aber gleichzeitig erfährt der Suchende in diesen kurzen Perioden eine fühlbare Gnade. Er meint, jetzt in einem anderen Licht vor Gott zu stehen. Er erlebt Gemeinschaft mit Gott, eine Gemeinschaft, die reich und fest und ganz unmittelbar ist. Jetzt liebt er Gott. Unaussprechlich liebt er ihn. Nun betet er mit Freude und freut sich bei der Bibel. Nun liebt er Gottes Kinder. Er verabscheut die Sünde in jeder Gestalt. Nun arbeitet er willig und froh für die Sache des Reiches Gottes.

In einer solchen Zeit hat sein Gewissen Ruhe in Gottes Gegenwart. Nun erhebt es keinen Einspruch gegen das Wort von der Versöhnung. Es gestattet ihm, alles das, was er schon vorher glaubte, aber nicht anzunehmen wagte, auf sich ganz persönlich zu beziehen.

Diese Gewißheit währt genauso lange wie die fühlbare

Gnade. Schwindet diese plötzlich oder langsam, dann ist alles vorbei. Dann protestiert das Gewissen wieder dagegen, an die Vergebung der Sünden zu glauben. Oft bezichtigt sich dann der Ernüchterte des Selbstbetrugs oder des geistlichen Hochmuts, daß er sich einbilden konnte, er sei ein Kind Gottes.

Was ist bei einer solchen Gewißheit verkehrt?

Die Grundlage ist zu schwach. Einige gehen noch weiter und bestreiten, daß überhaupt eine Grundlage vorhanden ist. Sie meinen, der Grund, auf den solche Menschen ihre Gewißheit gründen, sei ihr Selbstvertrauen und nicht Christus. Deshalb dürfe und könne die Gewißheit gar nicht andauern.

Ich kann die Dinge aber so nicht ansehen. Im Gegenteil, der Suchende ist übervorsichtig, er hat Angst vor sich selbst und vor allem, was er tut. In Wirklichkeit ist er erfüllt von einem heiligen Mißtrauen gegen sich selbst. Er setzt sein Vertrauen auf Christus, freilich nicht auf den Christus *für uns*, sondern auf den Christus *in uns*. Was Christus in ihm gewirkt hat, das macht ihn still und froh. Er erlebt diesen Frieden als ein Werk Gottes in seinem Innern, nicht als etwas, was er selbst vollbracht hätte. Der Friede erfüllt ihn mit einer bis dahin nicht gekannten Seligkeit.

Das ist auch die Ursache dafür, daß diese Gewißheit nicht von Dauer ist. Sie verschwindet gerade zu der Zeit, wo der Mensch sie am dringendsten brauchte, nämlich dann, wenn die fühlbare Gnade verschwindet. Sobald er die heiße Liebe zu Gott nicht mehr fühlt und den brennenden Haß gegenüber der Sünde, sobald sein Herz wieder gefühlsärmer wird und Gleichgültigkeit ihn befällt, dann weicht auch das Fundament der Sündenvergebung.

Ganz anders verhält es sich mit der Gewißheit, die in »Christus *für uns*« ihr Fundament hat. Erst da entsteht die volle, die fertige und voll ausgereifte Gewißheit. Die vorher beschriebene Gewißheit ist eine unfertige, unreife Form der

Gewißheit des Glaubens. Die volle Gewißheit des Glaubens hängt davon ab, daß das Gewissen zufriedengestellt wird vor Gott, daß es sich äußern darf und gefragt wird in allen Dingen. Aber nun kommt etwas Neues hinzu. Es ist das Werk Christi, das nun das Gewissen zufriedenstellt. Nicht das Werk Christi *in* uns, sondern *für* uns.

Durch ein Wunder Gottes, das genauso rätselhaft ist wie alle seine übrigen Wunder, vernimmt der Suchende mittels seines erneuerten Gewissens das Wort vom Kreuz als Gottes Wort. Er hört das ganze Kreuzesevangelium, das Gott dem Verlorenen zu seinem Heil verkündigen läßt. Nun sieht er das Lamm Gottes, das der Welt Sünde trug. Nun hat Gott »seinen Sohn in ihm offenbart«.

Und jetzt ist das Gewissen wahrhaft zufriedengestellt vor Gottes Angesicht. Jetzt darf es reden, wie es will, von der Sünde und von der Gnade. Jetzt kann es die volle Anklage, aber auch die volle Begnadigung verkündigen. Darum ist es zufrieden vor Gottes Angesicht.

Daraus folgt, daß ich diese Gewißheit nur so lange habe, wie ich beides gleichzeitig ins Auge fasse: meine völlige Sündhaftigkeit und Gottes völlige Gnade.

Eine Frage macht vielen zu schaffen, nicht nur bevor sie freigeworden sind, sondern oft auch noch später: Warum erlebt der Erweckte und Bußfertige, der durch Gottes Gesetz und sein erneuertes Gewissen zerschlagen und getötet worden ist, nicht sogleich dieses Wunder, daß er das Wort vom Kreuz so hören kann, daß er völlig frei wird und zu bleibender Gewißheit kommt?

Es ist nicht leicht, auf diese Frage eine befriedigende Antwort zu geben. Aber wir können eine Teilantwort finden, wenn wir jene tiefgründige und geheimnisvolle Seite des Glaubens berücksichtigen, die wir vorher umrissen haben: Glaube ist Werk Gottes, Gabe Gottes. Das muß uns deutlich werden. Sonst würden wir dieses Werk Gott »wegstehlen«. Und wenn wir das Problem des Glaubens vollständig »lösten«, dann würde Glaube nicht sein was er ist, noch wir was wir sind: verlorene Sünder und verdammt in uns selbst. Vielleicht meint jemand, der unseren Ausführungen bisher gefolgt ist, daß ein Mensch erst dann zum Glauben gekommen sei, wenn er zur vollen Gewißheit durchgedrungen ist. Es sind nicht wenige, die sagen: Solange der Erweckte sich noch unter dem Gesetz abmüht, steht er nicht unter der Gnade. Es zeigt sich an ihm noch kein neues Leben. Der alte Mensch ringt noch aus eigner Kraft mit Gott und mit sich selbst. Erst wer seine Sündhaftigkeit, sein Verlorensein im Lichte Gottes gesehen hat und das vollbrachte Erlösungswerk Gottes, erst der erfahre das doppelte Wunder, das ihn zum Christen macht: Rechtfertigung und Wiedergeburt.

Obwohl diese Auffassung logisch richtig und unbestreitbar zu sein scheint, hat sie doch die Heilige Schrift und die praktische Erfahrung gegen sich. Das lehrt schon ein Blick auf die Jünger vor dem Tode Jesu. Sie werden gläubig genannt. Jesus erklärt sie für rein um des Wortes willen, das er zu ihnen gesprochen hat und dem sie geglaubt haben, Joh. 15, 3. Sie sind also »gerechtfertigt«, d. h. von Sündenschuld frei.

Aber hatten sie damals wirklich schon erfahren, wie sündig sie waren und daß allein das Blut Jesu Christi sie von allen Sünden reinmachen könnte? Die Evangelien reden in dieser Hinsicht eine deutliche Sprache. Mit verblüffender Offenheit berichten sie, wie die Jünger nicht einmal verstanden, daß Jesus für ihre Sünden leiden und sterben müßte. Man lese doch nur einmal Luk. 18, 34 oder die Zurechtweisung, die Jesus dem Petrus zuteilwerden ließ, als er zuerst von seinem Leiden und Sterben sprach, Matth. 16, 22 f.

Daraus geht ganz eindeutig hervor, daß sie nicht begriffen, *warum* Jesus ans Kreuz gehen mußte. Das Geheimnis des Kreuzes war ihnen noch völlig verborgen. Daraus ist zu schließen, daß sie auch keine tiefere Erkenntnis ihres eignen sündigen Wesens und ihrer Verlorenheit hatten. Und doch bezeugt die Schrift, daß sie gläubig und gerechtfertigt waren.

Die Dinge liegen so: Als sie Jesu begegnet waren und seiner Rede zugehört hatten, begannen sie ihre Sünden zu erkennen. Sie kamen zu ihm und bekannten alles, was sie in ihrem Gewissen verklagte. Diese Erkenntnis und dieses Bekenntnis ihrer Sünden sah Jesus für ausreichend an.

Doch ihr Glaube an Jesus war unfertig und wies große Mängel auf. Nicht einmal das Wesentliche an Jesu Erlösungswerk war ihnen aufgegangen.

Worin bestand denn überhaupt ihr Glaube? Jesu richtendes Wort über die Sünde hatte sie getroffen. Ihr Gewissen trieb sie zu Jesus, obwohl sie nicht klar wußten, was sie an ihm hatten. Aber die Sünden, die sie empfanden, sagten sie ihm, und alles Heil erwarteten sie nur von ihm. Später ist die Offenbarung weiter fortgeschritten. Sie erkannten ihre Sünde und ihren Heiland klarer.

Genauso erlebt es der Erweckte. Er hat *Glauben* von der Stunde an, wo er sich dem Urteil seines wachgewordenen Gewissens beugt und mit der Sünde und Not, die er bei sich verspürt, zu Christus geht. Anfangs sieht er kaum mehr von seiner Sünde als die Jünger vor Jesu Tod. Aber wenn er nur ehrlich ist, wenn er keine Sünde verschweigt oder abstreitet, deretwegen ihn sein Gewissen anklagt, dann ist er wie sie ein Glaubender.

Der Glaube ist nämlich nichts anderes als der Blick auf Jesus aus der Gewissensnot heraus. Dabei macht es nichts aus, wie geschärft unser Gewissen ist, wenn es uns nur Christus in die Arme treibt, damit der uns die Sünden vergibt, die unser Gewissen uns vorhält.

Anfangs weiß der Erweckte auch nicht viel vom Geheimnis des Evangeliums. Ihm ist noch verborgen, was das Kreuz Christi eigentlich für ihn bedeutet. Darin gleicht er den

Jüngern vor Jesu Tod. Aber alles Heil erwartet er von Jesus. An ihn klammert er sich, auch wenn er nicht viel davon versteht, was ihm sein Heiland bedeutet. Auch das hat er mit den Jüngern vor Jesu Tod gemeinsam.

Das Gewissen und der neue Mensch

»Ich danke Gott, dem ich diene von meinen Voreltern her
in reinem Gewissen.«   (2. Tim. 1, 3)

Das Gewissen kommandiert: Du sollst! Du sollst nicht!
Verträgt sich das mit dem neuen Geist, der den Glaubenden
beseelt, dem Geist der Freiheit? Viele sind der Ansicht, daß
für den Glaubenden alles abgetan ist, was mit den Geboten
des Gewissens und dem Anspruch des Gesetzes zusammenhängt.

Man führt Bibelworte dafür an. »Christus ist des Gesetzes Ende«, Röm. 10, 4. »Indem er in seinem Fleische hat
abgetan das Gesetz mit seinen Geboten und Satzungen«,
Eph. 2, 15. »Das Gesetz ist durch Mose gegeben, die Gnade
und Wahrheit ist durch Jesus Christus geworden«, Joh.
1, 17. »Ihr seid ja nicht unter dem Gesetz, sondern unter
der Gnade«, Röm. 6, 14. »Also seid ihr getötet dem Gesetz
durch den Leib Christi«, Röm. 7, 4.

Das Gesetz, sagen sie, gehört zum Alten Bund. Der
Gläubige des Neuen Bundes sei frei vom Gesetz. Es sei Ge-
setzesknechtschaft, wenn man von den Pflichten des Gläu-
bigen auch nur redet. Man erklärt es für unevangelisch,
vom Gesetz zu sprechen. Dem Gläubigen sei das Gesetz ins
Herz geschrieben. Gott habe seine Liebe durch den Heiligen
Geist über ihn ausgegossen, darum erfülle er in freiwilligem
Gehorsam den Willen Gottes.

Es sei daher unnötig, dem Glaubenden die Forderung des
Gesetzes zu verkündigen. Ihm brauche man nur von Gottes
Gnade in Christus zu sagen; denn die Gnade allein sei die
treibende Kraft des neuen Lebens. Selbst wenn er in seinem
Christenleben bedenklich nachließe, solle man ihm doch
nicht Gesetz predigen, denn das Gesetz könne niemals die
fehlende Liebe bei ihm erzeugen oder vergrößern.

Auch dem lau gewordenen Christen solle man allein die

Gnade verkünden. Dann würde die Selbstliebe und der Widerstand gegen Gottes Geist ganz von selber schmelzen wie Butter an der Sonne, die Liebe würde aufs neue entzündet, so daß er in freiwilligem Gehorsam zu neuer Treue gegen Gottes Willen erweckt würde.

In der hier skizzierten Anschauung ist Wahres und Falsches auf bedenkliche Weise ineinander gemengt. Richtig ist, daß das Gesetz als *Heilsweg* abgeschafft ist. Die Juden hatten das Gesetz, das Gott ihnen offenbart hatte, mißverstanden. Sie dachten, durch Erfüllung des Gesetzes könnten sie sich Gottes Vergebung und Wohlgefallen erwerben. Diesen Irrtum bekämpft vor allem der Apostel Paulus durch den Hinweis darauf, daß kein gefallener Mensch imstande ist, das Gesetz Gottes zu erfüllen und auf diesem Wege sich Gottes Wohlgefallen zu erringen.

Darum hat Gott es so geordnet, daß der, der *glaubt*, selig wird. »Was dem Gesetz unmöglich war, weil es durch das Fleisch geschwächt war, das tat Gott: er sandte seinen Sohn in der Gestalt des sündlichen Fleisches«, Röm. 8, 3. »Nun ist ohne Zutun des Gesetzes die Gerechtigkeit, die durch den Glauben an Jesus Christus kommt, offenbart«, Röm. 3, 21. »Dem, der nicht mit Werken umgeht, glaubt aber an den, der die Gottlosen gerecht macht, dem wird sein Glaube gerechnet zur Gerechtigkeit«, Röm. 4, 5.

Das Falsche an der geschilderten Auffassung ist der Gedanke, das Gesetz als Ganzes sei aufgehoben. Das Gesetz kann weder aufgehoben noch abgeschafft werden; denn es drückt den ewigen, unabänderlichen Gotteswillen aus. Zwar verkündet Hebr. 9, 9 f., das Gesetz Mose sei abgetan, weil es nur der vorläufige und unvollkommene Ausdruck des Gotteswillens gewesen sei, »Satzungen äußerlicher Heiligkeit . . . die auferlegt sind bis auf die Zeit, da die richtige Ordnung kommt«. Doch Jesus sagt, daß er nicht gekommen sei, das Gesetz aufzuheben. Im Gegenteil, er erfüllt Gottes begonnene, aber noch unfertige Gesetzes-Offenbarung, Matth. 5, 17. In der Bergpredigt *verschärft* er die Bestimmungen des Gesetzes, indem er zeigt, was Gottes Absicht mit den alttestamentlichen Geboten eigentlich war.

Haben wir diese Frage geklärt, so ist doch die andere noch unbeantwortet: Wie vereinbart sich die kategorische Forderung des Gewissens »du sollst – du sollst nicht!« mit dem neuen Herzen und dem willigen Geist des Glaubenden?

Wenn das Gesetz dem Menschen ins Herz geschrieben ist, Jer. 31, 33 f., wozu bedarf es dann noch äußerer Vorschriften? Sind Pflicht und Liebe nicht eigentlich unvereinbare Gegensätze? Wird die Pflicht nicht hinausgehen, wo die Liebe hereinkommt? Und verschwindet die Liebe nicht, wo das ganze Verhältnis zu Gott Pflicht wird?

Das Leben verbindet oft Elemente miteinander, die uns unvereinbar erscheinen. So auch hier.

Beginnen wir damit: Das Gesetz ist in das Herz geschrieben. Das geschieht in der Wiedergeburt. Da bekommen wir den neuen Sinn, der Gott liebt. Aber Gott lieben heißt selbstverständlich auch, seinen Willen zu lieben. Die Bibel geht sogar so weit, davon zu sprechen, daß der Wiedergeborene Gottes Art angenommen hat und der göttlichen Natur teilhaftig wurde, 1. Joh. 3, 9; 2. Petr. 1, 4.

Aber selbst wenn wir seit der Wiedergeburt den Willen Gottes lieben, müssen wir ihn kennen. Gott offenbart ihn uns durch sein Wort. Daher ist der Glaubende durch die Wiedergeburt und den neuen Sinn nicht etwa von dem äußeren Wort unabhängig geworden. Im Gegenteil, er ist auf neue Weise an das Wort gewiesen. Er hat es nun als das Wort Gottes erkannt, und deshalb liebt er es.

Gott benutzt jedoch nicht nur die Heilige Schrift dazu, uns seinen Willen kund zu tun. Wie wir zeigten, braucht Gott das Gewissen dazu, das äußere Wort zu einem inneren zu machen. Weder vom Wort Gottes noch von der Stimme des Gewissens wird der Gläubige jemals frei. Beide, Wort und Gewissen, gehören vielmehr nach Gottes Ordnung unauflöslich zusammen.

Jetzt sind wir endlich so weit, daß wir das Verhältnis zwischen dem Gewissen und dem neuen Sinn des Glaubenden bestimmen können. Die Wiedergeburt bringt den Gläubigen niemals in Widerspruch zu seinem Gewissen. Sie verhilft ihm vielmehr zu dem normalen Verhältnis.

Das Verhältnis des natürlichen Menschen zu seinem Gewissen ist unnormal und von der Sünde verdorben. An keiner anderen Stelle wird seine Sündhaftigkeit so deutlich erkennbar wie gerade im Verhältnis zu seinem Gewissen. Der nicht wiedergeborene Mensch empfindet das Gewissen als lästig, denn es stört ihn beim Sündigen. Er empfindet die kategorischen, absoluten und unwiderruflichen Urteile des Gewissens als peinliche Eingriffe in seine selbstsüchtige und von der Eigenliebe bestimmte Existenz.

Das ist die uns anhaftende, tiefsitzende Bosheit. Nicht nur, daß wir sündigen. Wir fühlen uns unbehaglich, wenn wir durch das Gewissen in unserem Sündigen gestört werden. Mehr noch: wir bringen unser Gewissen zum Schweigen, damit wir ungestört fortfahren können zu sündigen.

Mit der Neugeburt aus dem Geist gewinnt der Mensch eine völlig veränderte Einstellung zu seinem Gewissen. Der neue Mensch liebt Gott, und er liebt darum alles, was er von Gott hört. Er liebt auch das Gewissen, das auf so wunderbare Weise Gottes Stimme bis ins Innerste seines Herzens dringen läßt.

Für den Wiedergeborenen ist das Gewissen nichts Fremdes oder gar Feindliches. Er sieht im Gewissen einen Freund, der ihm willkommene Nachricht von Gott bringt und der ihm hilft, Gottes Willen nicht nur kennenzulernen, sondern auch zu tun. Er freut sich daher, wenn das Gewissen ganz klar und eindeutig zu ihm spricht.

Das hat Jakobus im Auge, wenn er vom »Gesetz der Freiheit« spricht, das er als »vollkommen« bezeichnet, 1, 25; 2, 12.

Er verbindet hier Freiheit und Gesetz miteinander, obwohl beide Begriffe sich gegenseitig auszuschließen scheinen. Doch in der Wirklichkeit des Lebens gehören sie zusammen, wenigstens bei den Wiedergeborenen. Denn die Liebe ist eben die Verbindung von Gesetz und Freiheit, die gesetzgebundene Freiheit, die freiwillige Bindung an das Gesetz.

Gemäß diesem Gesetz der Freiheit lebt Gott selbst sein vollkommenes Leben von Ewigkeit zu Ewigkeit. Er ist so fest an das Gesetz der Liebe gebunden, daß er niemals gegen die Liebe handeln kann. Aber diese Bindung ist er freiwillig eingegangen. Darin besteht Gottes große Freiheit, daß er nie etwas will, was mit dem Liebesgebot nicht übereinstimmt.

Und durch die Wiedergeburt hat er nach seinem Schöpferrat den gefallenen Menschen in die gleiche Freiheit dem Gesetz gegenüber gebracht, in der er selber wirkt. Der neue Mensch kann das göttliche Grundgesetz der Liebe zunächst nur sehr unvollkommen ausleben. Aber der Anfang ist gemacht, und der, der das gute Werk angefangen hat, wird es auch vollführen bis an den Tag Christi.

Jetzt wollen wir die Rolle näher betrachten, die das Gewissen im Leben des wiedergeborenen Menschen spielt. Wir fragen dabei zunächst: Was bedeutet das Gewissen für unsere *Heiligung*?

Meist wird darauf geantwortet: Es hält nach Gottes Willen die Sündenerkenntnis wach. Das ist ein gut biblischer Gedanke; denn »durch das Gesetz kommt Erkenntnis der Sünde«, Röm. 3, 20. Das gilt für das ganze Leben des Gläubigen, nicht bloß für die Zeit seiner Erweckung und Bekehrung. Nur auf diese Weise kommt es zu dem Hungern und Dürsten, das nirgend sonst als unter Christi Kreuz gestillt werden kann. Das Gesetz bleibt also dauernd unser Zuchtmeister auf Christus, Gal. 3, 24.

Gleichzeitig aber soll das Gewissen den Menschen vor *Selbsttäuschung* bewahren. Durch seine unbestechliche Redlichkeit und seine aufdrängende Kraft soll es uns vor dem Geist der Falschheit warnen, der von unserer Wiedergeburt an bis zu unserer Todesstunde als unser größter Gegner unser geistliches Leben bedroht. Die Heilige Schrift weiß davon, wie das Herz des Menschen trügt, mehr als alles andere. Noch schlimmer ist es, daß der Mensch betrogen sein will. Das ist das größte Unglück des natürlichen Menschen und seine größte Gefahr. Diese Gefahr verfolgt uns noch, nachdem wir die Wiedergeburt erlebt haben, denn wir schleppen den alten Menschen alle Zeit mit uns, als ein Schwergewicht, das uns unweigerlich in den Selbstbetrug hinabzöge, wenn es Gott nicht gelänge, uns täglich durch unser Gewissen auf diese Gefahr aufmerksam zu machen.

Die eigentliche Gefahr des Selbstbetruges liegt im sogenannten »toten Glauben«. Was darunter zu verstehen ist, sagt Pontoppidan*) mit mustergültiger Klarheit: »Der tote Glaube ist eine falsche Vorstellung, die die Menschen sich machen, um Gnade zu erlangen, obwohl sie sich nicht bekehren wollen.«

Der Glaubende hat im Licht des Evangeliums das Geheimnis der Gnade erkannt: Gott liebt uns um Christi willen, noch bevor wir auch nur den Versuch gemacht haben, seine Gebote zu halten. Aber wie alle Gaben Gottes schließt auch diese Erkenntnis ein Risiko ein. Gott hat sie uns zu unserem Heil geschenkt, aber sie kann uns auch zum Verderben werden.

Der alte Mensch macht sich den klaren Einblick in das Geheimnis der göttlichen Gnade allzu gern zunutze. Und das Resultat wird ein oberflächliches, bequemes Christentum sein, ein Christentum ohne ernsthaftes Ringen mit den

*)Anm. des Übersetzers: Erik Pontoppidan (1698–1764), dänischer Bischof, Pietist, schrieb u. a. die bis heute in Skandinavien gebrauchte Erklärung des luth. Katechismus »Wahrheit zur Gottesfurcht«.

sündigen Gewohnheiten, ohne daß man mit Gott ehrlich ins reine kommt, ohne Opfer und Selbstverleugnung. Man beruft sich einfach auf Gottes grundlose Gnade und Barmherzigkeit und denkt nicht daran, aus dem theoretischen Wissen praktische Folgerungen zu ziehen.

Für solchen Mißbrauch der Gnadenbotschaft haben die Väter den Ausdruck »auf Gnade hin sündigen« geprägt. Dieser Ausdruck ist ungeschickt und irreführend; denn niemand kann auf Gnade hin sündigen. Es gehört nämlich zum Wesen der Gnade, daß sie uns immer innerlich von der Sünde losmacht, wofern wir wirklich Gottes Gnade erfahren haben. Gemeint ist jedoch etwas Richtiges: Unsere theoretische Kenntnis von der Gnade Gottes kann als Entschuldigung für unsere Bosheit dienen und uns das tägliche Abrechnen mit Gott und den täglichen Kampf mit der Sünde ersparen. So wird es unweigerlich jedem Christen ergehen, der sich nicht täglich von seinem Gewissen strafen läßt und dadurch vor frommem Selbstbetrug bewahrt bleibt.

Durch fleißigen Umgang mit der Bibel wird das Gewissen so geschärft, daß es das ganze innere und äußere Leben des Gläubigen unter das Licht des göttlichen Wortes bringt, daß es selbst auf kleinste Abweichungen von Gottes gutem gnädigem Willen aufmerksam macht, ganz gleich, ob diese in Taten, Worten, Gedanken, Vorstellungen und Wünschen bestehen. Auch auf Unterlassungssünden, da diese unseren Mangel an wahrer Liebe zu Gott und den Mitmenschen deutlich machen.

Der Maßstab, den das Gewissen an das Verhalten des Gläubigen anlegt, ist nach Jesu eignen Worten der der *Vollkommenheit:* »Darum sollt ihr vollkommen sein, gleichwie euer Vater im Himmel vollkommen ist«, Matth. 5, 48. Daher ist es nicht verwunderlich, daß das Gewissen uns täglich viele Sünden vorhält. Jakobus hat recht, wenn er bekennt: »Wir fehlen alle mannigfaltig«, Jak. 2, 2.

Das Gewissen wirft uns nicht allein Tag für Tag viele Fehltritte und Versäumnisse vor, sondern es überführt uns auch durch den Nachweis, daß unsere *Gesinnung* ständig mit Gottes Willen im Streit liegt. Eine ganze Menge von dem, was wir an jedem Tag reden oder tun, wirkt nach außen hin durchaus gut, so daß die Menschen es uns vielleicht hoch anrechnen. Aber das Gewissen sagt: Deine *Beweggründe* waren nicht gut. Du hast das nicht aus Liebe gesagt oder getan. Auch unsere Motive mißt das Gewissen an dem Vollkommenen.

Darum ist sein Urteil über uns vernichtend. Im Lichte des Vollkommenen gibt es bei uns nichts, was vollendet und rein wäre. Alles ist durch irgendwelche selbstsüchtigen Nebenabsichten beschmutzt, die sich sogar bei unseren besten Werken mit eingeschlichen haben. Wir müssen erleben, wie der Egoismus selbst unseren aufopfernden Dienst für Gott und Menschen vergiftet.

Am härtesten fällt das Urteil unseres Gewissens aus, wenn es um unser Verhältnis zu Gott geht. Es ist zweifellos richtig, wenn wir sagen, daß wir ohne Gott nicht leben können. Aber etwa, weil wir Gott lieben? Halten wir uns um *Gottes* willen zu ihm und nicht vielmehr im *eigenen Interesse?* Denke ich nicht bei all meinem Umgang mit Gott in erster Linie an mich selbst? Und ist das Ganze nicht eine Frage der Pflichterfüllung, weiter nichts? Und das Herz bleibt ausgetrocknet, leer und hart. Wie ist es um den »verborgenen Umgang des Herzens mit Gott« bestellt?

Es stimmt, mein Herz ist nicht nur leer von Gottesfurcht, sondern es ist so angefüllt mit Interessen, die an und für sich vielleicht gar nicht schlecht sind, aber die sich doch nachteilig auswirken, weil sie das Eine verdrängen, was not ist.

Das ist nicht alles. Mein Herz ist voller Begierden, arger Gedanken und einer Phantasie, die in hohem Maße sündig ist. Da steigt dann immer von neuem die bange Frage auf: Bin ich überhaupt ein Kind Gottes? Wenn ich eins wäre, dann müßten doch mein Leben und meine Gesinnung ganz anders beschaffen sein.

»Ich muß an meinen besten Werken, darinnen ich gewandelt bin, viel Unvollkommenheit bemerken«, so heißt es in einem Kirchenlied. Das ist der Seufzer, der manchem Gotteskind aus dem müden Herzen dringt.

Hier sehen wir, wie Gott im Alltagsleben das Gewissen des Glaubenden dazu benutzt, ihm täglich den Tod zu bereiten und ihn so davor zu bewahren, den Grund seiner Erlösung in sich selbst zu suchen. »An mir und meinem Leben ist nichts auf dieser Erd; was Christus mir gegeben, das ist der Liebe wert.«

So treibt Gott uns täglich zu Christus und unter sein Kreuz. So weckt er Hunger und Durst, daß es uns unmöglich ist, einen Tag ohne das lebendige Wasser auszukommen und ohne das Brot, das vom Himmel gekommen ist, daß der Mensch esse und lebe. So bricht er uns täglich das Herz, das sonst in routinierter »Gottesfurcht« erstarren würde, das an seine eigenen guten Werke glauben würde anstatt an seinen Erlöser. So hält er den Menschen in der geistlichen Armut, die allezeit auf Gnade angewiesen ist, so daß er nicht nur von der Gnade weiß, darüber nachdenkt oder von ihr spricht, sondern aus der Gnade lebt. Hier rühren wir an eines der größten Geheimnisse des Lebens aus Glauben. Hier gewinnen wir Einblick in die Spannungen des Glaubens. Wir sehen, wie unser Gewissen die Spannung wirkt, in welcher der Kampf des Glaubens besteht.

Luther sagt einmal, der Glaube lebe nur, solange er kämpft. Und da dachte er an eben den Kampf, den wir hier geschildert haben, an den Kampf des Glaubens um die Gewißheit der Gnade und der Gotteskindschaft, wenn auch unser Herz uns wegen unserer täglichen Verfehlungen verdammt.

Diese Spannung ist ein Bestandteil des lebendigen Glaubens. Sie kann ihm nicht abgenommen werden. Verschwindet diese Spannung aus dem Glaubensleben, so bleibt nur der »tote Glaube« übrig, der die freie Gnade mit dem Verstand festhält, dem Gewissen aber keine Gelegenheit gibt, die Sünde zu verurteilen und dem Sünder zum Bewußtsein seines Unwertes zu verhelfen, das nicht ausbleiben kann, wenn ihn sein Gewissen vor den lebendigen Gott stellt.

Diese Spannung kann durch theoretische Einsicht in das Geheimnis des Glaubens nicht aufgehoben werden. Nicht einmal eine reiche und lange Erfahrung von Gottes freier Gnade kann sie auflösen. Freilich verläuft das Leben nie gradlinig. Daher erleben wir alle, daß diese Spannung bei uns nicht zu jeder Zeit gleich stark ist. Es gibt ein Auf und Ab im Christenleben. Dabei müssen wir feststellen, daß es nicht notwendig die schwächsten Christen sind, denen es schwer wird, an Gottes Gnade zu glauben und an ihrer Gotteskindschaft festzuhalten. Oft haben vielmehr gerade geistliche, warmherzige und opferwillige Christen besonders häufig über schwere Anfechtungen und innere Schwierigkeiten im Glaubensleben zu klagen.

Wenn ich es recht sehe, nimmt die Spannung mit der Zeit eher zu als ab. Und das hängt mit dem Gewissen zusammen. Je empfindlicher dieses ist, um so mehr wird es anklagen, um so heftiger wird es zuschlagen.

Durch eine reiche und lange Erfahrung der Gnade Gottes wird der Konflikt noch verschärft. Mit unerhörtem Ernst wird der Angefochtene von der Frage bedrängt: du willst ein Gotteskind sein und hast doch offensichtlich die Gnade vergeblich empfangen? Denn sie hat in deinem Herzen und in deinem Wandel keinerlei Frucht gezeitet. Ist das nicht ein schlagender Beweis dafür, daß dein Glaube tot ist und du Gottes Gnade zu unrecht im Munde führst?

Auch hier wird der lebendige Glaube siegen und wieder Ruhe finden in der Gnade Gottes. Aber erst nach einem

Kampf. Wieder *treibt* das Gewissen unseren Glauben, treibt ihn in die Arme Christi. Glauben heißt ja: Hinschauen auf Christus, und dazu treibt uns die Not des Gewissens.

Die Gewissensnot ist also nicht nur die Mutter des Glaubens. Sie wirkt auch erneuernd auf ihn und erhält ihn ständig am Leben. Sie erhält unseren Glauben als einen »lebendigen Glauben«.

Diesem komplexen Charakter des Glaubens, der aus solch verschiedenen Elementen zusammengesetzt ist, gibt der Apostel einen einzigartigen Ausdruck: ». . . als die Traurigen, aber allezeit fröhlich«, 2. Kor. 6, 10.

Hier kommen wir zu dem tiefen Seufzen des Glaubenden. Er kennt eine quälende Unruhe, die ihn nie völlig verläßt, einen bleibenden Schmerz, der eher zu- als abnimmt.

Wie leicht läßt er sich durch diese Unruhe verwirren! Er befürchtet, in seinem Verhältnis zu Gott stimme etwas nicht. Dieses tiefe Seufzen ist aber gerade kein Krankheitssymptom im Glaubensleben, sondern im Gegenteil ein Zeichen seiner Gesundheit.

Erstens beweist es, daß die Liebe zu Gott rein und frisch ist. Es tut ihm leid, den Heiland zu betrüben, der so bitter für all seine Untreue und seinen Ungehorsam hat leiden müssen.

Zum anderen zeigt es, daß das Gewissen so geschärft ist, daß er schon unter der kleinsten Sünde leidet.

Dieses tiefe Seufzen hat einen doppelten Sinn. Erstens soll es uns dazu bringen, daß wir in unserem Innern mit der Sünde brechen. Das ist ja das Ziel der Heiligung. Und wir wissen: allein durch seine Liebe vermag Gott unser Herz von der Sünde zu lösen. Wir wissen jetzt auch, daß es das erweckte Gewissen ist, in dem uns Gott mit seiner Liebe erreicht, und zwar auf solche Weise, daß es uns immer schwerer wird, gegen diese Liebe zu sündigen.

Dieses tiefe Seufzen muß als sicherstes Zeichen dafür gelten, daß Gottes Liebe ihr Erlösungswerk in uns angefangen hat. Je stärker wir über unsere Sünde Leid empfinden, um so geistlicher werden wir von ihr frei.

Unser Kampf gegen die Sünde entspringt nämlich verschiedenen Beweggründen, über die wir uns oft selbst nicht klar sind. Manchmal kämpfen wir gegen die Sünde lediglich aus Furcht vor ihren schlimmen Folgen für dieses und das zukünftige Leben. Zuweilen auch aus kluger Berechnung, weil wir uns von ihrer Überwindung Vorteile versprechen. Das hieße jedoch, den Teufel mit Beelzebub austreiben. Wirklichen Sieg über die Sünde gibt es nur dann, wenn wir mit Joseph sagen: »Wie sollte ich ein so großes Unrecht tun und wider Gott sündigen?«, 1. Mose 39, 9 (Menge). Dann erst brechen wir mit der Sünde selbst, wenn wir es rundweg ablehnen, dem Willen Gottes zuwiderzuhandeln.

Zweitens soll dieses tiefe Seufzen über die Sünde uns dazu bewegen, daß wir unsere Augen aufheben und nach dem Tag verlangend ausschauen, der die völlige Erlösung von aller Sünde bringt. Mit anderen Worten: Dieses Seufzen hält das wahre Heimverlangen bei uns wach.

Gewiß gibt es mancherlei Himmelssehnsucht unter uns. Unsere irdischen Pläne werden durchkreuzt, wir stoßen auf Widerstand, wir müssen leiden, alles geht uns schief. Da fangen wir an, des Treibens müde zu werden und nach dem Himmel zu verlangen. Solches Heimweh ist aber oft nur schlecht getarnte Selbstsucht und Leidensscheu.

Das wahre Heimverlangen aber entsteht aus der Trauer darüber, daß wir täglich gegen Gott sündigen. Es ist die Sehnsucht nach dem Tag, an dem wir unsere Seele durch keine Sünde mehr beschmutzen, an dem wir keinen unserer Mitmenschen mehr aus Selbstsucht verletzen, an dem wir unseren Heiland nie mehr betrüben durch Ungehorsam oder Untreue.

Bisher war vorwiegend von der *negativen* Bedeutung des

Gewissens für das Heiligungsleben der Glaubenden die Rede. Wenn ich recht sehe, wird heutzutage in der Kirche nichts anderes als diese verkündigt, wo man über Gesetz und Gewissen spricht. Die Heilige Schrift kennt daneben aber eine *positive* Bedeutung des Gewissens für die Heiligung.

»Denn was dem Gesetz unmöglich war, weil es durch das Fleisch geschwächt war, das tat Gott: er sandte seinen Sohn in der Gestalt des sündlichen Fleisches und um der Sünde willen und verdammte die Sünde im Fleisch, auf daß die Gerechtigkeit, vom Gesetz gefordert, in uns erfüllt würde, die wir nun nicht nach dem Fleische wandeln, sondern nach dem Geist«, Röm. 8, 3–4.

Die meisten Leute, mit denen ich über dieses Wort sprach, lesen es falsch. Sie tun so, als ob da stünde: »auf daß die Gerechtigkeit, vom Gesetz gefordert, in *Christus* erfüllt würde«. Dementsprechend predigen sie auch falsch darüber. Es heißt aber nicht so, sondern vielmehr: »auf daß die Gerechtigkeit, vom Gesetz gefordert, *in uns* erfüllt würde«. Hier sagt der Apostel, was Gott mit unserer Erlösung beabsichtigt hat. Die Gesetzesforderung sollte nämlich nicht nur in Christus, sondern auch in uns erfüllt werden.

Zugleich betont der Apostel, daß die Gebote Gottes nicht auf dem Weg des Gesetzes erfüllt werden konnten. Dem Gesetz war es unmöglich, sagt er. Das war ohnmächtig durch das Fleisch, das Gott feind ist und somit auch dem Willen Gottes feind, dem göttlichen Gesetz.

Im Alten Bund schon wurde deutlich, daß Gott nicht einmal die *äußerliche* Gesetzeserfüllung durchsetzen konnte. Noch unmöglicher wurde die Sache, nachdem Jesus gezeigt hatte, daß Gottes Gesetz im Grunde nur eine einzige Forderung enthält: »Du sollst lieben von ganzem Herzen.«

Weil es dem Gesetz unmöglich war, Leben und Gesinnung des sündigen Menschen zu verändern, sandte Gott seinen Sohn, die Menschen zu retten. Und jetzt fährt betont der Apostel fort: Gott wollte mit der Sendung seines Sohnes erreichen, daß die Gesetzesforderungen *in uns* erfüllt würden.

Sein ganzes Heilandswerk *für uns* – seine Menschwerdung, sein Sühnetod, seine Auferstehung, seine Himmelfahrt, die Ausgießung des Heiligen Geistes – hat dieses eine Ziel. Ebenso sein Werk *in uns:* Erweckung, Bekehrung, Glaube und Rechtfertigung, Wiedergeburt, Heiligung. Alle diese göttlichen Gnadenerweise geschehen, sagt der Apostel, um uns zur Erfüllung des Gottesgesetzes zu bringen.

Die *Heiligung* besteht nun in nichts anderem als darin, daß Christi Sinn den ganzen Menschen nach Leib, Seele und Geist durchdringt und bestimmt, 1. Thess. 5, 23.

Dies bewirkt Gott mit Hilfe des Gewissens. Nachdem dieses nämlich durch Gottes Wort über den ganzen Gotteswillen aufgeklärt worden ist, hat es nichts anderes zu tun, als Tag für Tag und den ganzen Tag lang dem Glaubenden die Gebote Gottes vorzuhalten. Nicht bloß allgemein, sondern praktisch und konkret, und so weist es uns den Weg, wie wir es anfangen, Gott und den Nächsten zu lieben.

Wir haben schon darauf hingewiesen, daß das Gewissen als höchstes Ziel unseres Handelns uns Gottes Vollkommenheit vor Augen stellt. Heiligung bedeutet nicht mehr und nicht weniger als dies: Gott übt uns unvollkommene aber wiedergeborene Menschen darin, das vollkommene Leben zu leben. Dies ist das *Spannungs*moment des Glaubens. Dies ist auch das *Glaubens*moment der Heiligung. Glauben heißt in diesem Zusammenhang, kompromißlos die Forderung des Gesetzes bejahen: Ich unvollkommener Mensch soll vollkommen sein; denn Jesus sagt: »Ihr sollt vollkommen sein, gleichwie euer Vater im Himmel vollkommen ist«, Matth. 5, 48.

Dies ist indessen auch das *Gefahren*moment der Heiligung. Einmal können wir bei diesem gewaltigen Kampf um die Erfüllung des Gotteswillens das Evangelium vergessen und so aufs neue in die Gesetzesknechtschaft geraten. Wir denken, durch unsere Gesetzeserfüllung verdienen wir uns Gottes Gnade. Wenn es damit nicht klappt, bilden wir uns ein, Gott liebte uns nicht.

Eine zweite Gefahr ist noch größer, darum erliegen ihr viele: Wenn wir Tag für Tag erleben müssen, daß wir Unvollkommenen nicht vollkommen sein können, so stehen wir in der Versuchung, Gottes Anspruch herabzusetzen. Was nicht geht, das geht nicht, sagen wir. Nicht einmal Gott kann Unmögliches von uns verlangen.

Daher wird Gottes Forderung so herabgeschraubt, daß ein Durchschnittsmensch ihr nachkommen kann. Das sieht dann gewöhnlich so aus, daß man lebt wie die anderen Christen um uns her auch – oder im günstigsten Falle wie die Vorbildlichsten unter ihnen. Indem wir dies tun, nehmen wir der Heiligung das Spannungsmoment, gleichzeitig nehmen wir ihr aber auch das Glaubensmoment.

Man hat verstandesmäßigen Erwägungen nachgegeben, die sagen, von einem Unvollkommenen könne man keine Vollkommenheit verlangen. Infolgedessen hat man Gottes Forderung auf das Maß des Menschenmöglichen herabgesetzt.

Der Glaube jedoch glaubt an die Forderungen Gottes, obwohl sie unmöglich zu erfüllen sind, er gibt den Anspruch auf Vollkommenheit nicht auf, trotz der täglich erfahrenen Niederlagen im Kampf um die Gesetzeserfüllung.

Sind wir hier nicht auf eine der Hauptgefahren für das Christenleben unserer Tage gestoßen? Warum gibt es so viel Stillstand in der Heiligung, so viel schlaffes und laues Christentum unter uns, trotz klarer, evangeliumsgemäßer Erkenntnis? Vielleicht deshalb, weil die Wachstumsmöglichkeiten für unser Christenleben an diesem Punkt abgeschnitten worden sind?

Hier versagt oft unsere Predigt. Viele von uns predigen nur noch Evangelium und lassen das Gesetz ganz außer Betracht. Andere verkündigen das Gesetz Gottes unverkürzt; doch nur um zu lehren, daß durch das Gesetz Erkenntnis der Sünde kommt und daß das Gesetz unser Zuchtmeister auf Christus ist.

Aber sowie der Sünder bei Christus angelangt ist, hören wir auf, ihm das Gesetz zu predigen. Er braucht nun von seinen Forderungen nichts mehr zu hören, wenigstens nicht so, daß er auf die Idee kommt, er müsse die Forderungen in seinem Leben erfüllen. Allenfalls dient das Gesetz noch dazu, den Sünder bei Christus festzuhalten.

Dabei wird völlig vergessen, daß Gott mit unserer Erlösung kein anderes Ziel verfolgt als eben dies: Gottes Gesetz soll *in uns* erfüllt werden.

Wie kommt es, daß wir über diese klare Schriftwahrheit einfach hinweglesen? Es gelingt uns nicht wie Jesus und seinen Aposteln, eine saubere Darlegung des Gesetzes mit der Predigt des Evangeliums zu verbinden. Wir befürchten, wenn wir die Forderung des Gesetzes predigen, würden wir den Gläubigen dazu verleiten, sich wieder in die Knechtschaft unter das Gesetz zu begeben und das Licht des Evangeliums ihnen zu verdunkeln.

Wir sehen aber, wie der Glaubende, gerade weil er der Heilsbotschaft traut und aus Gnade lebt, nach Gottes Gesetz nicht nur leben *soll*, sondern dies auch *will*, gemäß dem Wort des Apostels Röm. 3, 31: »Wie? Heben wir denn das Gesetz auf durch den Glauben? Das sei ferne! Sondern wir richten das Gesetz auf.«

Darum *braucht* der Glaubende nicht nur die Gesetzespredigt, sondern er *wünscht* sie auch. Diese sieht dann so aus: Die Gebote Gottes sollen wir erfüllen, nicht damit wir von Gott geliebt werden, sondern weil wir von Gott in Jesus Christus, unserem Stellvertreter, geliebt werden.

Krankheit und Tod des Gewissens

Unser Gewissen steht wie alles Lebendige unter dem Gesetz des Wachsens und Reifens, der Entwicklung. Es kann sich zum Guten oder zum Schlechten entwickeln.

Zunächst fassen wir die negative Entwicklung, die Entartung und den Zerfall des Gewissens ins Auge. Wir sahen, weder unser Bewußtsein noch unser Wille haben bestimmenden Einfluß darauf, daß unser Gewissen wirkt. Häufig tritt es sogar in klaren Gegensatz zu unserem Willen und Denken.

Damit soll nicht gesagt sein, daß Leben und Gedeihen des Gewissens ganz unabhängig von unserem Bewußtsein und unserem Willen verläuft. Kein normaler Mensch kann verhindern, daß sein Gewissen mit Macht in ihm zu wirken *beginnt*. Aber welchen Fortgang die Sache nimmt, das hängt von seinem Willen ab. Das will sagen, er kann und sollte mit seinem Willen entscheiden, ob das Gewissen sein Werk in Frieden tun kann und so durch einen Prozeß des Wachsens und Reifens an das Ziel seiner Entwicklung gelangt, oder ob es behindert, geschwächt und am Ende gar völlig zerstört wird. Denn zwischen dem Gewissen des Menschen und seinem Willen besteht ein innerer organischer Zusammenhang.

Die Stimme des Gewissens appelliert nämlich stets direkt an unseren Willen. Darum sprach Immanuel Kant von dem »kategorischen Imperativ«, dieser kategorischen Forderung, die das Gewissen an unseren Willen richtet. Die Stellung, die der Wille diesem kategorischen Imperativ gegenüber einnimmt, bestimmt die Entwicklung und die Arbeit unseres Gewissens. Fügt sich der Wille diesen Befehlen, so wächst das Gewissen und entfaltet sich. Keine anderen Meinungen sind für das Wachstum seiner Kräfte notwendig. Es geht ihm wie unseren Lungen. Sie wachsen und entwickeln sich, indem sie atmen, einatmen und ausatmen. Widersetzt sich der Wille jedoch der Weisung des Gewissens, so wird es geschwächt. Jeder Ungehorsam wirkt auf das Gewissen so, daß es allmählich die Fähigkeit einbüßt, kategorische Befehle erteilen zu können.

Anfangs ist es quälend, ja es erscheint auf die Dauer unmöglich, die Stimme des Gewissens zu überhören oder sich seinen Befehlen zu widersetzen. Lange hält man das Schwanken zwischen Gehorsam und Ungehorsam nicht aus. Ruhe findet man erst, wenn man dem Gewissen gehorcht hat.

Aber wenn der böse Wille immer kräftiger wird und gar die Oberhand gewinnt, fällt es zunehmend schwerer, der warnenden Stimme des Gewissens Gehör zu schenken. Die Folge ist ein schlechtes Gewissen, das die Seele mit Unruhe und Angst füllt und alles verdunkelt, auch die hellsten und schönsten Dinge des Lebens. Das hält kein Mensch aus.

Wer im Ungehorsam und Widerstand beharren will, wird instinktiv versuchen, sein Gewissen zu betäuben. Man muß es zum Schweigen bringen, damit es einem nicht dauernd mit seiner entschiedenen Warnung vor einer Tat und seiner quälenden Unruhe danach auf die Nerven fällt.

Es gibt viele Möglichkeiten, sein Gewissen zu betäuben. Einige ergeben sich dem Rausch. Der Alkohol setzt die höheren Seelenregungen außer Funktion. Dadurch wird auch das Gewissen ausgeschaltet. Die Unbeherrschten verfallen der Trunksucht, sie können nie mehr nüchtern sein und versinken schnell in Schande und Laster. Die Willensstärkeren werden gemäßigte Trinker, sie ziehen die mildere Form des Angeheitertseins vor und vermeiden sorgfältig den schweren Rausch.

Andere suchen ihr Gewissen dadurch zu betäuben, daß sie sich in die Arbeit stürzen. Scheinbar haben sie Erfolg damit, namentlich dann, wenn sie eine interessante Tätigkeit ausüben. Sie gönnen sich keine Ruhepause. Ja, sie haben förmlich Angst vor Stunden der Stille, in denen das schlechte Gewissen sich melden könnte. Deshalb schuften sie Tag für Tag, bis tief in die Nacht. Dann fallen sie in Schlaf. Nichts fürchten sie mehr als schlaflose Nächte.

Andere betäuben ihr Gewissen künstlich. Das sind weitaus die meisten. Dabei ist gerade diese Art von Gewissensbetäubung die gefährlichste und schädlichste. Es gibt so etwas wie »Wunschdenken«. Das ist ein Denken, das sich nicht nach den Denkgesetzen richtet, sondern nach unseren Wünschen. Gelingt es nicht, unser Tun sittlich zu rechtfertigen, dann bemühen wir uns umso eifriger, Verstandesgründe dafür beizubringen. Es beginnt ein regelrechter Selbstbetrug. Man ist einer Versuchung erlegen und hat gesündigt. Aber das gibt man nicht zu. Man sucht vielmehr sich herauszulügen, nur um sein Gewissen zu betäuben.

Wir lügen uns von unseren bösen Motiven weg: Die Sache ging nicht etwa deshalb schief, weil wir sündigen wollten, als wir in der Versuchung standen, sondern widrige Umstände, andere Menschen oder ungünstige Erbanlagen sind schuld daran, daß es dazu gekommen ist. So schwindeln wir uns vom Kern der Sünde weg, nämlich von der Schuld, von der Tatsache, daß wir sündigen *wollten*, daß die Sünde *unsere* Tat war. Dann entfalten wir jene betrügerische Kunst, die es fertigbringt, mit teuflischer Logik jede Anklage unseres Gewissens zurückzuweisen. Daran denkt der Apostel, wenn er von Menschen spricht, »die das Brandmal der Schuld im eignen Gewissen tragen«, 1. Tim. 4, 2 (Menge). Sie leiden gleichsam an einer Brandwunde, so tief hat dieser Schade sich in sie schon hineingefressen. Dasselbe hat der Apostel im Sinn, wenn er vom unreinen Gewissen redet, Tit. 1, 15. Etwas Unreines, ein Fremdkörper ist eingedrungen und schädigt das Gewissen.

Eine solche Schädigung des Gewissens treffen wir bei den Pharisäern an. Auf Kleinigkeiten reagierte deren Gewissen sehr empfindlich. Sie nahmen es beispielsweise so genau mit dem Zehnten, daß sie selbst den zehnten Teil der winzigsten Küchenkräuter gaben.

Aber die Hauptgebote im Gesetz, Recht, Barmherzigkeit und Treue hielten sie nicht, Matth. 23, 23. Sie schreckten nicht davor zurück, »der Witwen Häuser zu fressen«, Matth. 23, 14. Sie nahmen es so genau mit den Reinheitsvorschriften, daß sie den Palast des Pilatus während der Verhandlung gegen Jesus nicht betreten wollten. Sie hätten sonst nämlich nicht das Passah feiern können. Aber den Einen Unschuldigen auf Grund falscher Zeugenaussagen zum Tode zu verurteilen, dagegen hatten sie keine Gewissensbedenken.

Manchen Menschen bezeichnen wir als *gewissenlos*. Das ist ein hartes Wort, das uns oft allzu leicht über die Lippen kommt. Gewissenlos ist eigentlich ein Mensch, der überhaupt kein Gewissen hat. Das meinen wir aber gar nicht. Wir wollen damit nur ausdrücken, daß der Betreffende seinem Gewissen nicht unbedingt folgt, sondern nur dann, wenn es ihm paßt, wenn der Gehorsam ihn nichts kostet. Auf solche Leute ist kein Verlaß.

Wenn die Heilige Schrift einen Menschen als schläfrig bezeichnet, so denkt sie dabei oft an das schlafende Gewissen. Wenn man das Gewissen ständig betäubt, so schläft es schließlich vor Betäubung ein. Ein schlafendes Gewissen kann freilich wieder einmal wach werden, obwohl die Erfahrung lehrt, daß es sich meist um einen lebensgefährlichen Tiefschlaf handelt. Es kann einer lange Zeit friedlich mit seinen Sünden leben. Er kann das, wenn er sein Gewissen gewaltsam hindert, normal zu funktionieren. Hat der Mensch sein Gewissen erst eingeschläfert, so kann er lange Zeit unheimlich ruhig in seinen Sünden dahinleben, ohne daß es sich meldet.

Trotzdem kann ein schlafendes Gewissen geweckt werden, gelegentlich sogar noch in recht hohem Alter. Es ist dabei die Frage, welche der oben geschilderten Betäubungsmittel der Betreffende angewandt hat. Ist es der dauernde Selbstbetrug gewesen, so ist eine Erweckung des Gewissens so gut wie ausgeschlossen, weil diese Methode zur *Verstockung* führt.

Die Bibel spricht von Verstockung des Herzens, Eph. 4, 18, oder einfach von Verstockung, Röm. 11, 7; Hebr. 3, 13–15, und meint damit die völlige Entartung, den Tod des Gewissens. Das Gewissen ist überhaupt nicht mehr wachzubekommen, und infolgedessen ist ein solcher Mensch ewig verloren, denn allein durch sein Gewissen kann der Mensch zum rettenden Glauben kommen.

Der Heilige Geist muß ihm die Augen auftun über die Sünde, sagt Jesus Joh. 16, 8. Ist das Gewissen aber erst ausgebrannt, so kann es keinen Menschen mehr von seiner Schuld überführen. Sein Gewissen hat die geistlichen Voraussetzungen dazu verloren.

Diesen Zustand bezeichnet die Schrift als »Sünde zum Tode«, 1. Joh. 5, 16, oder als »Lästerung wider den Geist«, Matth. 12, 31 (Menge), und die Bibel sagt ausdrücklich, daß diese Sünde nicht vergeben werden kann.

Sie ist nämlich gar nicht irgendeine einzelne verabscheuungswürdige Tat, sondern ein Zustand im Gewissen, der als Endergebnis einer kürzeren oder längeren Entwicklung zu betrachten ist. Genauer gesagt: sie ist die Frucht eines entarteten Gewissens. Nicht einfach das Ergebnis des Widerstands und Ungehorsams dem Gewissen gegenüber, sondern jenes inneren Betrugs, mit Hilfe dessen sich die Menschen von der Wahrheit in ihrem Gewissen weglügen.

Wenn diese Sünde unvergebbar genannt wird, so keineswegs, weil Gott sie nicht vergeben will, steht doch geschrieben: »Gott will, das *alle* Menschen gerettet werden und zur Erkenntnis der Wahrheit kommen«, 1. Tim. 2, 4 (Menge), auch nicht, weil der angerichtete Schaden so groß ist, daß selbst Jesu Blut ihn nicht wieder gutmachen könnte, denn es steht geschrieben: »Das Blut Christi, des Sohnes Gottes, macht uns rein von *aller* Sünde«, 1. Joh. 1, 7. Nein, diese Sünde ist unvergebbar aus dem einzigen Grund, weil der Mensch, der sie beging, sein Gewissen von sich gestoßen hat, 1. Tim. 1, 19. Damit ist das Organ im Menschen vernichtet, das für Gottes Heil den notwendigen Anknüpfungspunkt bietet. Ist ihm die Reue unmöglich geworden, so gibt es für den Menschen keinen Weg zur Rettung mehr.

Damit soll nicht gesagt sein, daß der Verstockte überhaupt kein *Schuldgefühl* mehr kennt. Vielmehr betont der Hebräerbrief (10,27), eine Begleiterscheinung der unvergebbaren Sünde sei »ein angstvolles Warten auf das Gericht und die Gier des Feuers, das die Widerspenstigen verzehren wird« (Menge). Dabei handelt es sich nicht um wahre Reue über die Sünde selbst oder darüber, Gott entgegen gehandelt zu haben, sondern nur um die Sorge um ihre Folgen.

Würde ein solcher Sünder seine Schuld bereuen und bekennen, so wäre Gott bereit, auch ihn zu retten; denn es steht geschrieben: »Wenn wir unsere Sünden bekennen, so ist er treu und gerecht, daß er uns die Sünden vergibt«, 1. Joh. 1, 9. Daß er nie mehr imstande ist, sich retten zu lassen, ist allein der Tatsache zuzuschreiben, daß er kein Gewissen mehr hat, welches ihm seine Sünden vorhalten kann und ihn dazu bewegt, sie zu bekennen. Nicht einmal für Gott besteht da noch eine Möglichkeit, ihn zu erlösen.

Und das ist der furchtbare Ernst. Gott kann aus dem Sünder einen neuen Menschen schaffen, aber nur mit Hilfe des Gewissens. Gott kann aber kein neues Gewissen schaffen, wenn der Mensch es vorsätzlich und bewußt zugrunde gerichtet hat. Wir sehen, daß das Gewissen einen einzigartigen Platz im Menschenleben einnimmt, daß es uns zum Menschen macht. Dem Menschen ist die gefährliche Macht gegeben, wissentlich und willentlich seinen inneren Menschen zu zerstören und dadurch sich selbst nicht zum Tier, wohl aber zum Teufel zu machen.

Wachstum und Reife des Gewissens

»Die Hauptsumme des Gebots ist Liebe von reinem Herzen und von gutem Gewissen und von ungefärbtem Glauben.«   (1. Tim. 1, 5)

Wir haben gesehen, daß das Gewissen keine seelische Mechanik ist, die ein für allemal fertig ist und funktioniert, sondern ein lebendes Organ, das wächst und sich entwickelt.

Die Art und Richtung dieses Wachstums ist abhängig von der Kenntnis des Willens Gottes.

Die *Form* des Gewissens ist immer dieselbe, ob die Kenntnis des Willens Gottes groß ist oder gering. Aber sein *Inhalt* ist im hohen Maße von dieser Kenntnis abhängig. Ist sie mangelhaft, so wird das Gewissen dem Menschen Handlungen subjektiv zur Pflicht machen, die objektiv dem Willen Gottes widerstreiten. Etwa daß ein Heide durch sein Gewissen zur Blutrache verpflichtet wird. Umgekehrt wird es manches verbieten, was eigentlich erlaubt ist, so das Essen von Pferdefleisch.

Hier nennen wir die »Schwachen«, von denen Paulus im 1. Korintherbrief Kapitel 8 und 10 spricht. Ihr Gewissen verbot ihnen den Genuß von Fleisch, das zwar auf dem Markt jedermann zum Kauf angeboten wurde, das aber von heidnischen Opfertieren stammte. Sie empfanden es als eine Sünde, wenn sie dadurch sozusagen indirekt an Götzenopfer-Mahlzeiten teilnahmen.

Der Apostel beleuchtet diese Frage vom Evangelium her und macht geltend, daß dieses Fleisch sich in nichts von anderem unterscheidet; denn »nichts ist unrein an sich selbst«, Röm. 14, 14.

Andererseits ist aber auch das Gewissen der »Starken« nicht ganz in Ordnung, meint der Apostel. Sie waren sich klar darüber, daß sie in evangelischer Freiheit von diesem Fleisch essen durften. Sie waren ferner der Meinung, sie müßten diese ihre Freiheit den Schwachen vordemonstrieren, ohne sich durch deren gesetzliche Bedenken beirren zu lassen. »Warum sollte ich über meine Freiheit urteilen lassen von eines anderen Gewissen?« So argumentierten sie.

Der Apostel gibt ihnen zu bedenken, daß ihre Ansicht über das Fleisch wohl richtig war, nicht aber ihre Ansicht über das, was christliche Freiheit ist. Diese mißbrauchten sie, indem sie durch den Genuß von Götzenopferfleisch den Schwachen Fußangeln legten, an denen diese leicht zu Fall kommen konnten, indem sie versucht wurden, es den Starken gleichzutun, aber mit schlechtem Gewissen.

Auf diese Weise wird ihr Gewissen »befleckt«. Und wenn sie auf diesem Wege weitergehen, sagt er, werden sie verloren gehen; denn alles, »was nicht aus dem Glauben geht, das ist Sünde«, Röm. 14, 23. Daher weist Paulus die Starken an, von ihrer christlichen Freiheit dort keinen Gebrauch zu machen, wo sie durch ihr Verhalten das Gewissen der Schwachen verletzen.

In diesem Zusammenhang will ich das skrupulöse, krankhafte zarte Gewissen nennen. Hier kann schon die geringste Kleinigkeit Gewissensbisse, wenn nicht gar unerträgliche Angstzustände hervorrufen: ein unbedeutendes Versehen, ein unbedachtes Wort oder ein unkontrollierter Gedanke.

Dann vergeht kaum ein Tag, an welchem nicht viele solche Dinge passieren. Ein Gewissenskonflikt jagt den anderen.

Das Ende ist eine völlige Verwirrung des Gewissens. Diese wiederum wirkt sich auf die ganze Persönlichkeit aus. Der Mensch wird erregt und weiß schließlich überhaupt nicht mehr, was gut und böse ist. Er fürchtet sich vor dem Reden und dem Handeln, weil doch alles schief geht. Zuletzt fürchtet er sich gar vor dem Leben.

Die hier geschilderte Überempfindlichkeit des Gewissens ist in den verschiedensten Graden im Wachstum des Glaubenden anzutreffen. Vorwiegend beobachten wir sie jedoch bei jungen und unreifen Christen. Ihre Ursache ist in der Regel ein unzureichendes Verständnis des Gotteswillens, nicht nur einiger Einzelheiten des offenbarten Willens, sondern auch seines Kerns. Solche Menschen achten nur auf das äußere Gebot und nicht auf die Beschaffenheit ihres eigenen Herzens. Sie sehen nicht, daß für Gott der *Beweggrund* unseres Handelns ausschlaggebend ist, nicht aber, wie das Wort oder die Handlung äußerlich beschaffen sind.

Darum ist es in den Augen der Überängstlichen Diebstahl, wenn sie in einem Wald spazieren gehen, der ihnen nicht gehört, und etwa einen trockenen Ast aufheben, um sich einen Stock daraus zu schnitzen. Sie finden ihren Seelenfrieden erst wieder, wenn sie dem Eigentümer ihr Vergehen bekannt haben. Und ihrer Meinung nach haben sie gelogen, wenn sie irgend etwas sagten, was sich nachträglich als nicht ganz zutreffend herausgestellt hat. Sie finden nicht eher Frieden, als bis sie die »Lüge« bekannt haben.

Gelegentlich finden sich krankhafte Veränderungen dieser Art auch bei älteren und reiferen Christen. Meist sind sie eine Folge leiblicher oder seelischer Schwächezustände. Auch ein schwaches Nervensystem verursacht nicht selten bei älteren Leuten solche Skrupel.

Die Gesundung des einen wird nicht ohne die des anderen erfolgen können. Seelsorge und ärztliche Fürsorge werden dabei Hand in Hand gehen müssen. Doch es gibt auch Fälle, in denen das Gewissen bei erfahrenen und gereiften Christen krankhafte Veränderungen erleidet, ohne daß solche äußeren, seelisch-leiblichen Gründe vorliegen. Diese wird man als eine Form der »Anfechtung« betrachten müssen.

Während der Anfechtung, wenn der Gläubige die fühlbare Gnade verliert, gerät sein ganzes Gottesverhältnis ins

Wanken. Alle geistlichen Werte sieht er verzerrt. Seine früheren Erfahrungen helfen ihm ebensowenig weiter wie seine geistliche Erkenntnis. Wichtiges und Nichtiges kann er nicht mehr auseinanderhalten. Alles verwirrt sich ihm zu einem unauflösbaren Knäuel. Gott bringt ihm seine völlige Ohnmacht in sittlicher und geistlicher Hinsicht zum Bewußtsein.

Besonders schwierig ist, daß der angefochtene Mensch, der merkt, wie er sich auf sein eigenes Gewissen nicht verlassen kann, nun in Abhängigkeit von dem Gewissen anderer gerät. Das führt manch einen dazu, daß er jedem, den er trifft, von seinen inneren Nöten erzählt. Dies wiederum macht für ihn die Sache nur noch schlimmer, da jeder seine besondere Auffassung von den Dingen hat.

Daher möchte ich allen Angefochtenen raten, in einem solchen Zustand nur *einen* Seelsorger aufzusuchen. Nach Möglichkeit wähle man einen, der erfahren und wirklich weise ist. Mit dem spreche er oft über alles, was sein Herz bewegt. Er lasse sich von ihm beraten und belehren aus dem Schatz der Schrift und der christlichen Erfahrung.

Er mache auch von der Gelegenheit zu beichten Gebrauch und lasse sich in der Absolution die Hilfe geben, die Gott in die äußere Zusicherung der Sündenvergebung gelegt hat. Gerade für den Angefochtenen, der in seiner Not die Gnade nicht zu ergreifen wagt, kann die Beichte lebensnotwendig werden. Hat der Angefochtene einen liebevollen, weisen Seelsorger mit festem Herzen gefunden, so wird er durch dessen Hilfe und Fürbitte allmählich von seiner Not befreit werden. Sein Gewissen wird wieder heil und gesund.

Ganz allgemein können wir sagen, daß sich das Gewissen des Glaubenden, was seinen Inhalt betrifft, in dem Maße entwickeln wird, wie er sich aus dem Worte Gottes über dessen heiligen Willen Klarheit verschafft. Schon die wenigen Beispiele, die wir anführten, machen deutlich, daß ein

Christ nicht nur Wissen braucht, sondern vor allem Weisheit, das ist die Fähigkeit, seine Kenntnisse in allen Lebenslagen richtig anzuwenden.

Eine gesunde Entwicklung des Gewissens wird darum nur erfolgen können, wenn der Gläubige sich mehr und mehr in Gottes Wort hineinlebt, und zwar gerade in den Teil der Schrift, der den Willen Gottes offenbart. Je mehr er Gott liebt, desto leichter wird es ihm fallen, seine Gebote recht zu verstehen und sie in den mancherlei verwickelten Situationen seines Lebens auch zu halten.

Nunmehr wenden wir uns dem praktischen Faktor zu, der die Entwicklung des Gewissens mitbestimmt, nämlich dem Willen.

Im vorhergehenden Kapitel besprachen wir die Rolle, die der Wille bei der Entartung des Gewissens spielt. Jetzt geht es uns um die positive Bedeutung des Willens für Wachstum und Entfaltung des Gewissens.

Wir unterstreichen noch einmal: Es gehört zum Wesen des Gewissens, daß es seine Befehle an den Willen des Menschen richtet, und von der Aufnahme dieser Befehle durch den Willen hängt die Entwicklung des Gewissens ab.

Läßt ein Mensch sein Gewissen ungehindert ausreden, so bleibt es »unverletzt«, Apg. 24, 16. Schon das ist wichtig. Hier wird nichts getan, um die Stimme des Gewissens zum Schweigen zu bringen, wenn es uns warnen oder verurteilen will. Wir greifen mit unserem Willen nicht in sein Wirken ein. Das versteht die Schrift unter einem »reinen Gewissen«, 2. Tim. 1, 3. Gar nichts greift hier in die Funktion des Gewissens ein. Man widersteht ihm weder mit *Gewalt* noch mit *Unehrlichkeit*.

Dies darf nicht mißverstanden werden, als ob sich das neue und unverletzte Gewissen nur bei sündlosen Menschen fände. Ein Gewissen bleibt unverletzt und rein, selbst dann, wenn wir in der Stunde der Versuchung gegen seine

Warnung handelten, sofern wir nach dem Ungehorsam das Gewissen ausreden lassen und sein Urteil als berechtigt annehmen. Wir müssen auch unseren Willen aufs neue dem Gewissen unterstellen und Gott um Kraft bitten, damit wir den Kampf gegen die bestimmte Sünde in vollem Ernst wieder aufnehmen können.

Auch darin äußert sich ein reines Gewissen, daß die Wahrheit seiner Anklage anerkannt wird, daß die Abrechnung nicht nur angenommen, sondern gesucht wird.

Darum braucht der Christ Zeit zum Gebet und zur Stille. Er will, daß sein Gewissen die nötige Ruhe hat, mit ihm ernstlich zu sprechen. Es soll ihn täglich prüfen. Er legt besonderen Wert darauf, daß auch die Beweggründe ans Licht kommen, die ihn tagsüber zu seinen Worten und Taten veranlaßt haben. Denn er ist sich selbst darüber klar geworden, wie leicht er der Selbsttäuschung erliegen kann, wenn er sich damit zufrieden gibt, daß alles, was er sagte und tat, äußerlich in Ordnung war. Ein solches Gewissen ist zart geworden, es reagiert schon bei dem geringsten Verstoß gegen den Willen Gottes. Diese gesunde Zartheit unterscheidet sich von der oben erwähnten krankhaften dadurch, daß man gerade im Gewissen die Möglichkeit hat, Wichtiges und Unwichtiges auseinander zu halten, und daß man seinen Blick mehr auf die Gesinnung als auf die äußere Handlung richtet. Und vor allem zeigt sich die gesunde Zartheit darin, daß das Gewissen als ein natürliches Glied in das verborgene Leben des Herzens mit Gott eingeht. Es ist ein Teil der innigsten Verbindung mit Gott geworden und bewahrt sie als eine heilige Verbindung.

Das zarte Gewissen bietet dem Glaubenden in wunderbarer Weise *Schutz*. Es bewahrt ihn vor manchem Fehltritt und Mißgriff, vor dem ein robusteres Gewissen ihn nicht einmal gewarnt hätte. Es macht *vorsichtige* Christen. Die haben oft durch schmerzliche eigne Erfahrung gelernt, wie leicht die innewohnenden Begierden dadurch geweckt werden können, daß man mit den Sünden anderer in Berührung kommt. Darum sind sie jetzt vorsichtig geworden, sie versuchen allen Lebensverhältnissen aus dem Weg zu gehen, die sie früher zu Fall gebracht haben. Man hält sie deswegen gewöhnlich für engherzig und überspannt. Das macht ihnen aber nichts aus. Denn wichtiger als alles andere auf der Welt ist ihnen der Friede mit Gott *in einem guten Gewissen.*

Sie haben genügend Erfahrungen mit dem schlechten Gewissen gemacht, nicht nur vor ihrer Bekehrung, sondern auch hinterher. Sie können die innere Unruhe in ihrer Gemeinschaft mit Gott nicht länger ertragen. Um jeden Preis suchen sie ein Verhältnis zu Gott, das ihnen erlaubt, ihn von Angesicht zu Angesicht zu sehen. Nur ein zartes Gewissen kann sie unablässig auf alles aufmerksam machen, was geeignet wäre, ihnen den Frieden und die Heilsgewißheit zu rauben.

Klar und redlich gehen sie ihren Weg durch alle Wechselfälle des Lebens. Sie sind gewissenhaft und zuverlässig, ganz gleich, ob sie kaufen oder verkaufen, ob sie selbständig sind oder im Dienst anderer arbeiten. Vielleicht machen sie gar nicht viel Worte. Aber durch ihre klare christliche Haltung bedeuten sie mehr für ihre Mitmenschen als manche Massenprediger. Es sind diese Leute, die den Unbekehrten den Respekt vor dem Christenglauben abnötigen, diese entscheidende Voraussetzung dafür, daß das Evangelium den Zugang zu deren Gewissen findet.

Es sind solche Männer und Frauen, die unsere Zeit besonders braucht.

Das robuste Gewissen schafft *unvorsichtige* Christen. Diese müssen durchaus nicht unaufrichtig sein. Oft sind es rechtschaffene, warmherzige, opferbereite und energische Leute. Aber so unvorsichtig! Sie haben keinen Begriff davon, welch eine Gefahr sie in ihrer alten Natur herumtragen. Darum werden sie oft in Affären verwickelt, die zum

Schaden für ihr eigenes Glaubensleben und für die Sache Christi ausschlagen.

Haben sie mit Geld zu tun, so kann man vielleicht nicht sagen, sie hätten sich irgendwie strafbar gemacht, aber – da ist ein »Aber« dabei!

Haben sie mit dem anderen Geschlecht zu tun, so kann man ihnen keine unzüchtigen Handlungen vorwerfen, aber – da ist ein »Aber« dabei!

Sie gleichen Kleidern aus langfaserigem Gewebe, an dem immer etwas hängen bleibt. Vor allen Dingen fehlt solchen Menschen das zarte Gewissen, das sie rechtzeitig auf Gefahren hinweist und ihnen in der Stunde der Versuchung beisteht, damit sie nicht straucheln.

Gegen *Versuchungen* kann uns Gott durch nichts besser bewahren als durch ein zartes Gewissen. Das hängt damit zusammen, daß bei jeder Versuchung der Teufel mit im Spiel ist. Er kitzelt unsere Sinne und reizt unsere *Gefühle*. Das Verbotene erscheint uns dann verlockender als alles sonst auf der Welt.

Die Versuchung hat darin Ähnlichkeit mit dem Chloroform, daß sie uns die Fähigkeit zum Widerstand raubt.

Hier ist ein zartes Gewissen die beste Verteidigung. Es schlägt rechtzeitig Alarm und kann uns so vor dem Fall bewahren. Das robuste Gewissen zeigt die Gefahr erst an, wenn es zu spät ist.

Das zarte Gewissen ist auch das starke Gewissen.

Je entschlossener der Wille sich der Stimme des Gewissens beugt, um so kräftiger wird diese, um so mehr gewinnt sie Macht über unser Leben. Dadurch wird uns der tägliche Kampf gegen die Sünde und die Entscheidung für das Gute bedeutend erleichtert.

Dem gewissenhaften Christen bleiben viele bitterschwere und langwierige Kämpfe erspart, die andere, die sich durch die Stimme ihres Gewissens nicht leiten lassen, Tag für Tag bestehen müssen, einfach darum, weil ihr Gewissen zu schwach ist, ihre eigenen weisen Berechnungen oder ihren Hang zum Vergnügen unter Kontrolle zu halten.

Deren Gewissen ist einem Lehrer zu vergleichen, der keine Disziplin halten kann. Die Schüler werden zu allerlei Dummenjungenstreichen ermuntert, weil nie ein Machtwort gesprochen wird. Der Lehrer vergeudet seine Kraft und braucht viel Zeit, nur um die Jungen einigermaßen zu bändigen. Kommt aber ein Lehrer in die Klasse, der echte Autorität hat und der es versteht, Disziplin zu halten, dann sind dieselben Kinder fast nicht wiederzuerkennen.

Ein zartes, machtvolles Gewissen gibt dem äußeren Leben des Gläubigen eine klare, feste Linie und erspart seinem inneren Leben manchen zerreibenden Kampf und viel Energieverlust.

Auf diese Weise wächst nach und nach der gewissenhafte Christ heran.

Er hat sein Kennzeichen erstens darin, daß er sich immer auf sein Gewissen angewiesen weiß und sich weder durch Lockungen noch durch Drohungen dazu bewegen läßt, etwas gegen sein Gewissen zu tun.

Zweitens erkennt man den gewissenhaften Christen daran, daß er sein ganzes Leben mehr und mehr seinem an Gottes Wort ausgerichteten Gewissen unterstellt. Die Aufspaltung des Lebens in einen geistlichen und in einen weltlichen Bereich hört auf. Alles, was er denkt und tut, unterstellt er dem Urteil seines Gewissens.

So hilft ihm sein Gewissen, sein ganzes Leben vor das Angesicht Gottes zu stellen. Er stellt es somit auf eine ganz neue Ebene. Es wird im wahrsten Sinne des Wortes sein *täglicher Gottesdienst*. Es steht ja geschrieben: »Alles, was ihr tut mit Worten oder mit Werken, das tut alles in dem Namen des Herrn Jesus, und danket Gott, dem Vater, durch ihn«, Kol. 3, 17. »Was ihr tut, tut es alles zu Gottes Ehre«, 1. Kor. 10, 31. Und so wird es ihm gelingen, ein wirkliches

Werktagschristentum zu leben.

Und hier hat der weniger Gewissenhafte Schwierigkeiten. Sein Leben wird in zwei Teile zerrissen. Die Arbeit im irdischen Beruf erscheint ihm als etwas Weltliches, für das er kein höheres Ziel kennt, als es nach den Regeln bürgerlicher Wohlanständigkeit zu verrichten. Aus diesem Grunde wird die berufliche Tätigkeit zu einer Quelle ständiger Versuchungen. Steht ein solcher Mensch im Dienst anderer, so ist er versucht, träge, nachlässig und gewissenlos zu sein. Schafft er für sich selbst, ist er versucht, ganz in seiner Arbeit aufzugehen, von egoistischem Eifer und Raffgier getrieben.

Der gewissenhafte Christ dagegen ist glücklich in dem Gedanken, daß er alle seine täglichen Pflichten, die großen und die kleinen, dem Licht seines Gewissens und somit dem Licht Gottes unterstellen kann. Er will jede irdische Arbeit vor Gott tun. Ihm ist alles, was er in seinem irdischen Beruf tut, ein Dienst vor Gott.

Viele Menschen, besonders Jugendliche, sind in ihrem irdischen Beruf nicht recht befriedigt. Ihre Arbeit befriedigt sie nicht. Sie sehnen sich nach anderen und höheren Aufgaben und sie streben danach, sowohl in ihrem inneren wie auch in ihrem äußeren Leben vorwärtszukommen, sich hochzuarbeiten. Eine ganze Menge von ihnen gehört zu dem Menschentyp, der niemals zufrieden ist mit dem, was er erreicht hat, und der immer denkt, er sei eigentlich zu begabt, eine so unbedeutende Arbeit zu verrichten.

Es gibt aber auch andere, die nach Begabung und Neigung wirklich an einen anderen Arbeitsplatz gehören. Sie werden sich daher ernstlich bemühen, ihre Stellung zu wechseln. Dagegen ist an sich nichts einzuwenden. Aber da wir hier vom Gewissen reden, möchte ich solchen strebsamen jungen Menschen einen Rat geben.

Bitte vertrauensvoll Gott darum, daß er dich an den Arbeitsplatz bringe, für den er dich geschaffen und zugerüstet hat. Tue, was du kannst, um diese Stellung einzunehmen und auszufüllen. Gott will, daß du mit deinem Talent wucherst. Aber laß dir nie das Wort Jesu aus dem Sinn kommen: »Du bist über wenigem getreu gewesen, ich will dich über viel setzen!«, Matth. 25, 21.

Die meisten, die ihren Arbeitsplatz wechseln wollen, vergessen dieses Wort. Dadurch versündigen sie sich in dem Beruf, den sie gegenwärtig ausüben, zunächst durch Undankbarkeit und dann durch Nachlässigkeit. Sie lassen bei ihrer Arbeit die gebotene Sorgfalt und Ordnung vermissen, und letzten Endes mangelt es an der Gewissenhaftigkeit. Ihre Untreue versuchen sie damit zu entschuldigen, daß ihnen diese Tätigkeit nun einmal nicht zusage.

Die Folgen können nicht ausbleiben. Solche Menschen haben es sich selber zuzuschreiben, wenn sie beruflich nicht weiterkommen. Ihr Arbeitgeber hat kein Vertrauen zu ihnen und wagt es nicht, sie zu fördern. Weit schlimmer noch ist, daß Gott dies auch nicht will.

Ganz anders steht es mit einem, der treu und gewissenhaft seine Arbeit tut. Der hat Gottes Verheißung, daß er vorankommen wird. Gott hat versprochen, ihn zu fördern. »Ich will dich über viel setzen«, sagt er.

Der junge Mensch, der diese Berufsauffassung hat, hat ein fruchtbares und glückliches Leben vor sich, gleich, ob er Karriere macht oder nicht. Er wird fröhlich sein in seiner Arbeit. Jede Pflicht, die wir treu und gewissenhaft erfüllen, macht uns Freude.

Das ist ebenso gewiß wie die Umkehrung dieses Satzes: Niemandem wird auf die Dauer eine Arbeit Freude machen, die er gleichgültig und nachlässig verrichtet, wenn er auch noch so begabt dafür wäre. Außerdem gewinnt er durch gewissenhafte Arbeit den Dank, das Vertrauen und die Achtung seiner Mitmenschen. Nicht zuletzt macht er dem Herrn, den er bekennt, Ehre und empfiehlt ihn denen, die ihn bisher noch nicht kennen. Die Menschen werden, wie Jesus sagt, seine guten Werke sehen und anfangen, den Vater im Himmel dafür zu preisen.

Es gibt viele junge Christen hierzulande, die einen ehrlichen Willen zu guter Arbeit haben. Sähen sie die Bedeutung, die ein gewissenhaftes Werktagschristentum hat, und machten sie es zum Programm ihres Lebens, würde dies seine unauslöschbaren Spuren hinterlassen. In der Tat, das christliche Werk würde einem neuen Tag entgegengehen.

Zum Schluß möchte ich die Bedeutung eines zarten, vollmächtigen Gewissens für unser Leben in Gott im engeren Sinne hervorheben. Es ist die entscheidende Voraussetzung dafür, daß unser verborgenes Leben in Gott reich und glücklich wird.

Erstens wird uns ein zartes Gewissen antreiben, das Kreuz Christi zu suchen. Die Sünde werden wir als eine so starke Wirklichkeit erkennen und empfinden, daß an jedem Tag das Kreuz Christi unsere liebste Zufluchtsstätte wird. Und mehr braucht es nicht, um ein reiches Leben in der Gnade Gottes zu führen.

Von allen Seiten umgibt uns Gottes abgrundtiefe Gnade. Sie will auch in unser Leben eindringen: »Siehe, ich stehe vor der Tür und klopfe an. So jemand meine Stimme hören wird und die Tür auftun, zu dem werde ich eingehen und das Abendmahl mit ihm halten und er mit mir«, Offb. 3, 20.

Zweitens wird das zarte Gewissen uns antreiben, vertrauten Umgang mit Gott zu pflegen. Es bringt uns ja die geringste Kleinigkeit zum Bewußtsein, die geeignet ist, unsere Gemeinschaft mit Gott zu stören, und gibt nicht eher Ruhe, als bis die Sache in Ordnung gebracht ist. Auf diese Weise wird unser tägliches Leben ein ununterbrochenes Gespräch mit Gott, und das Herz kommt in das innigste und vertraulichste Verhältnis zu ihm.

Drittens schafft das zarte Gewissen durch diese klare und regelmäßige Abrechnung unserer Dinge vor und mit Gott Raum für den »Frieden Gottes, welcher höher ist als alle Vernunft«, Phil. 4, 7.

Sogar der Prophet des Alten Bundes kannte das: »O daß du auf meine Gebote merktest, so würde dein Friede sein wie ein Wasserstrom, und deine Gerechtigkeit wie Meereswellen«, Jes. 48, 18. Diesen Zustand meinen wir, wenn wir vom Frieden Gottes in einem reinen Gewissen sprechen.

Frieden mit Gott kann man auch ohne gutes Gewissen haben; denn die Bibel versteht unter »Frieden mit Gott« weit mehr, als was wir meist mit diesem Ausdruck verbinden. Wir denken dabei hauptsächlich an *unser* Verhältnis *zu Gott*, genauer gesagt: an die ruhige, friedevolle Gemütsverfassung, in die die Gemeinschaft mit Gott uns versetzt. Die Heilige Schrift dagegen denkt vor allem andern an *Gottes* Verhältnis *zu uns*. Gott, dessen gerechter Zorn gegen uns entbrannt war, hat Frieden mit uns gemacht, vgl. Röm. 5, 1. An diesem Gottesfrieden haben wir teil, soweit wir überhaupt Gotteskinder sind, ganz gleich, ob unsere Seele ruhig und zufrieden ist oder nicht.

Darum hat ein Christ ganz gewiß auch in Zeiten geistlicher Schwachheit oder gar des Ungehorsams Frieden mit Gott, vorausgesetzt, daß nicht die Falschheit in seinem Herzen wohnt. Nur hat er diesen Frieden *ohne* ein reines Gewissen.

Ein stumpfes Gewissen schafft nur halbklare Abrechnungen zwischen Gott und uns. Darum gibt es hier kein Ruhen in der Gnade. Gottes Geist muß vielmehr einen solchen Menschen beunruhigen, um ihn aus seinem gefährlichen geistlichen Schlaf wachzurütteln. In dieser Zeit kann Gottes Geist nicht dem Geist des Menschen Zeugnis geben, daß er Gottes Kind ist, er kann daher auch nicht das kindliche Abba-Schreien in seinem Herzen hervorrufen, Röm. 8, 15 f.

Wer sich dagegen durch sein zartes Gewissen täglich zu klarer Rechenschaftslegung vor Gott bewegen läßt, der wird erfahren, was es heißt, Frieden mit Gott oder – biblisch ausgedrückt – »das Geheimnis des Glaubens *in reinem Gewissen*« zu haben, 1. Tim. 3, 9. Infolgedessen lebt solch ein Christ in einem ruhigen und ungezwungenen Verhältnis sowohl zu Gott als zu den Menschen. So kommt etwas Freies und Offenes über seinem inwendigen Menschen, das nach und nach auch dem Äußeren seinen Stempel aufdrückt und ihm eine eigenartige Schönheit verleiht.

Auch das erzählt uns in seiner stummen Sprache, daß das Gewissen den Menschen zum Menschen macht.

Bibelstellennachweis

R. BROCKHAUS TASCHENBÜCHER